T0278942

LOS CINCO CAMINOS

Mindfulness en la maternidad

Andrea Cueva Alonso

LOS CINCO CAMINOS

Mindfulness
en la maternidad

Editorial OB STARE

Puede consultar nuestro catálogo en www.obstare.com

Los editores no han comprobado la eficacia ni el resultado de las recetas, productos, fórmulas técnicas, ejercicios o similares contenidos en este libro. Instan a los lectores a consultar al médico o especialista de la salud ante cualquier duda que surja. No asumen, por lo tanto, responsabilidad alguna en cuanto a su utilización ni realizan asesoramiento al respecto.

LOS CINCO CAMINOS. MINDFULNESS EN LA MATERNIDAD
Andrea Cueva Alonso

1.ª edición: abril de 2022

Corrección: *Sara Moreno*
Diseño de cubierta: *TsEdi, Teleservicios Editoriales, S. L.*

Edita: OB STARE, S. L. U.
www.obstare.com | obstare@obstare.com

ISBN: 978-84-18956-06-5
Depósito Legal: TF-65-2022

Impreso en SAGRAFIC
Passatge Carsí, 6 - 08025 Barcelona

Printed in Spain

«De camino a casa, la mano de mi hija en la mía. La ternura es silenciosa, como los rayos del sol».

A María y a Lucía, para que siempre permanezcan unidas a su luz interior y se den a sí mismas todo el amor del mundo.

A María de los Ángeles y a Javier, por la vida y el amor infinito.

A Diego, con amor y profunda gratitud.

A Aitana, amada montaña a mi lado; a Rubén, león en crecimiento, y a Alberto.

A Víctor y a Candi, por dar vida y cuidarla.

A todos los ancestros/as que me han precedido, y que han perpetuado la vida desde los orígenes.

A todas las mujeres que han confiado en mí y he acompañado en sus embarazos, lactancias y crianzas…, y a todas las que acompañaré; infinitamente agradecida por ser testigo de lo esencial.

AGRADECIMIENTOS

A Clínica Besada (Oviedo, Asturias).

A Patricia Amigo, a Julia García, a Helena Herrero, a María Álvarez, a Cristina Quirós, a Carlos Almoyna, a Sandra Pérez, a Candi Casal, a Elena Concheso, a Laura Ibarra, a Carlos Fernández, a Laura Núñez, a Esther Tomás, a Cristina Vazquez, a Ana Ardura, a Araceli Gutiérrez, a Lidia López, a Ana Espino, a Cristina San Narciso, a Sonia Gutiérrez, a Diamantina Toledo, a Inmaculada Corralo, a María Riega, a Inés Zamanillo, a Tamara Souto, a Lorena Sánchez, a Begoña Estrada, a Lidia Fernández, a Rebeca González, a Susana Capilla, a Naíma Ruiz, a Patricia Sánchez, a Elena Andina, a Yolanda Suárez, a Eva González, a Rocío Florez, a Anabel Guevara, a María Jesús Montes, a Elena Pueyo, a Aida Riegas, a Nadia Suarez, a Arantxa Martínez Lázaro, a Valeria Atlante, a Raquelhojasrojas, a Rebeca Blanco, a Gloria Vega, a Cristina Río, a Mayela González, a Gemma Hevia, a Edurne Arconada, a Sofía González, a Martina González, a Covadonga Piñera, a Begoña Rodríguez, a Amelia Mesa, a Mar Rubio, a Emily González, a Dora Gil, a Nancy Bardacke, a Olga Sacristan.

¡Gracias, gracias, gracias!

PRÓLOGO

Este libro es para ti.

Porque la maternidad deseada es maravillosa aunque en ocasiones puede llegar a ser agotadora y frustrante.

El amor incondicional, cálido, expansivo y tierno no sólo llega a través de ti, también llega para ti.

Pretendo con este libro que transites tu maternidad con disfrute, paz y calma.

Pretendo que quieras cuidarte y quererte... y pretendo que con este libro tengas muchas herramientas para hacerlo y lo incorpores a tu vida.

Espero que disfrutes leyendo y practicando.

INTRODUCCIÓN

Bienvenida a *Los cinco caminos. Mindfulness en la maternidad.* Tal vez siempre quisiste aprender a meditar, éste es tu momento.

Mi nombre es Andrea y para mí es un gusto que estés aquí con tu atención plena aprendiendo un poco sobre cómo la meditación puede ayudarte en la maternidad.

Me gustaría empezar contándote brevemente quién soy. Soy madre de dos niñas, enfermera, IBCLC (consultora internacional certificada en lactancia), e instructora universitaria de meditación y mindfulness.

Llevo acompañando a mujeres, madres y bebés durante mucho tiempo y sé que la maternidad es una experiencia maravillosa, increíblemente gratificante y profundamente transformadora. También sé que en muchas ocasiones puede llegar a ser una vivencia muy estresante y puedes sentirte sobrepasada, inadecuada, agotada, culpable y triste entre otras muchas cosas.

Adquirir habilidades de mindfulness en la maternidad a través de *los cinco caminos* que te propongo te permitirá relacionarte con lo que vives de manera distinta, con una mayor apertura y con mayor serenidad. Disfrutarás cuidándote para poder cuidar. No es otra meta que tengas que alcanzar para ser una madre perfecta, ni una madre zen, no se trata de ser algo diferente a lo que ya eres. La meditación te coloca en el presente, conectada a tus hijo/as.

Es una forma de vivir la maternidad con la atención y el corazón abierto acogiendo lo que sea que haya dentro y fuera de ti. Es una forma de descansar mejor, de disminuir los niveles de estrés, de encontrar confort y alivio cuando sufres, de ganar fuerza interior y confianza. Es una forma de estar conectada a tus hijo/as tanto en los buenos como en los malos momentos, y de ser capaz de mantener el equilibrio, adquiriendo mayor flexibilidad en la forma de responder a las circunstancias de tu vida. Lo entenderás mejor a medida que avances con el libro y las prácticas.

Seguro que has oído hablar de mindfulness, pero ¿qué es realmente? ¿En qué consiste?

El mindfulness es la habilidad de atender al momento presente con curiosidad y sin juzgar.

Es decir, a través de un entrenamiento de la atención somos más conscientes de nosotras mismas dándonos cuenta de lo que ocurre dentro de nosotras y también fuera devolviendo continuamente nuestra atención al aquí y al ahora.

Esta actitud de presente nos libera de gran cantidad de pensamientos innecesarios que generan mucho estrés y ansiedad, y todo esto lo haremos cuidándonos de una manera cálida, amorosa y compasiva.

«Meditar es crear una cuna de bondad amorosa donde podamos ser nutridas».

PEMA CHÖDRÖN.

A pesar de lo que puedas haber oído, meditar no es entrar en un grupo raro, sentarse en una posición extraña o creer algo en particular. Es una práctica sencilla, secular y científicamente validada para tu cerebro. Meditar es parar y asentarte, pero también hacerte presente en tu propia vida. Es una invitación como madres a acercarnos a nuestro mundo interno con amor.

Me gustaría ahora invitarte, antes de empezar, a una pequeña práctica.

Cierra los ojos, lleva una mano a tu corazón y atiende a esa sensación de contacto cálido y amoroso. Posa tu atención en el suave movimiento de la respiración sin intentar modificar nada, sólo observa el cálido contacto y cómo eres suavemente mecida por la respiración.

Llevar la atención a la respiración y anclarnos a ella es algo muy poderoso utilizado por todas las corrientes de meditación desde tiempos inmemoriales. La atención a la respiración de una manera amorosa con nosotras mismas tiene una relación directa, como has comprobado, con nuestro sistema nervioso.

«La meditación es un estado del ser, las prácticas nos ponen en camino».

JULIA GARCÍA

Volver la mirada a la maternidad y recordar la poderosa capacidad de escuchar profundamente tu mente, tu corazón y tu cuerpo a través del programa que te propongo con los cinco caminos es una forma hermosa de cuidarte, de cuidar la vida y honrar la naturaleza que nos vive.

PRIMERA PARTE

MADRE PRESENTE, MADRE EN CALMA

POR QUÉ LAS MADRES NECESITAMOS MINDFULNESS Y CÓMO PUEDE AYUDARTE

«El primer poema que leí fue la sonrisa de mi madre».

JACQUES PIERRE

Las madres vivimos, en muchas ocasiones, con un ritmo frenético, incluidas dentro de la vorágine de un tiempo industrial y orientadas en todo momento a la producción y al hacer, ocupada nuestra cabeza con cientos de objetivos y preocupaciones que nos impiden en muchas ocasiones conectar con nosotras mismas y con nuestros/as hijo/as en la misma frecuencia de tiempo, espacio y vibración.

Nuestra mente cabalga entre el pasado y el futuro. El mindfulness nos lleva a habitar el presente, permitiéndonos salir del piloto automático con el que vivimos todo el rato. Esto nos da la oportunidad de volver a conectar en el aquí y ahora con nosotras mismas y con nuestros/as hijo/as.

En muchas ocasiones, la demanda de atención de nuestros/as pequeño/as puede parecernos excesiva y hacernos perder la paciencia, en un tiempo en el que no nos apetece parar nuestras cosas ni atender a las suyas. Desconectadas de nuestros pensamientos, de nuestras emociones y de nuestras sensaciones físicas, arrastramos un enorme nivel de estrés. Las interacciones entre madre-hijo/a se ven afectadas por situaciones de estrés mantenidas.

Sabemos que el estrés parental impacta directamente en la relación con nuestros/as hijo/as, ya que en situaciones de estrés actuamos con menor afectividad y con menor sensibilidad. Con mayor estrés la relación siempre será más reactiva y agresiva.

Nuestros/as hijo/as no sólo se nutren de alimentos, también necesitan para crecer nuestra presencia y atención plena, que será mayor en determinadas etapas de su crecimiento.

A través de la meditación, aprenderás a vivir tu vida y tu maternidad con mayor serenidad, claridad, presencia, aceptación y conexión contigo misma y con tus hijos/as. El mindfulness nos aporta gran cantidad de beneficios como la calma, la claridad mental, la concentración, la gestión emocional, etc.

LOS CINCO CAMINOS. LA RUEDA DE MEDICINA

La visión circular de los cuatro elementos: el aire, el fuego, la tierra, el agua, y el centro, como formadores de todo lo que hay, ha estado presente en numerosas culturas a lo largo de la humanidad.

A través de un paseo por los cuatro elementos y el centro conformarás de forma poderosa una Rueda de Medicina a la manera que las antiguas tradiciones honraban la vida y crearás como madre un círculo mágico que todo lo contiene y donde todo es contenido.

Las madres somos como las flores. Necesitamos aire que nos oxigene, que nos aliente, que nos dé claridad. Lo encontrarás en el camino a tu espíritu.

Necesitamos tierra para enraizarnos y sentirnos seguras. La hallarás en el camino a tu cuerpo.

Necesitamos agua clara y nuestras emociones equilibradas. En el camino al agua te adentrarás en tu alma.

Necesitamos fuego, sol, calor, fuerza y respeto a nuestros tiempos, a nuestra naturaleza cíclica. Lo encontrarás en el sendero a tu vida.

Y todo ello lo rodearás de una energía femenina amorosa que hará germinar la semilla del camino a tus hijos/as.

Este paseo a través de los cuatro elementos y el centro está estructurado dentro de un programa presencial u *online* de mindfulness. Este libro es la versión escrita, puedes ir degustándolo y practicando semana a semana junto con cada elemento o tal vez decidas leerlo de un tirón y practicar a tu ritmo. Lo esencial para beneficiarte de su medicina siempre será incorporar la práctica a tu vida diaria. Todo se irá desplegando al transitar *Los cinco caminos,* y a través de sencillas prácticas podrás empezar a crear espacios de calma y paz en tu día a día.

Serás capaz de darte cuenta y salir del «tiempo industrial» en el que te mueves para volver al tiempo de la naturaleza al «tiempo maternal», el tiempo de las madres y de sus criaturas, el tiempo del latido interno, el tiempo que marca que la flor florezca…

Utilizaremos las cinco sendas de manera simbólica, y nos adentraremos en nosotras mismas contemplando con atención plena la naturaleza que nos vive.

PARA, SIÉNTATE, SIÉNTETE

«Cuidar de ti misma no significa yo primero. Significa "yo también"».

L. R. KNOST

El arte de autocuidarse es un proceso de artesanía que conlleva un aprendizaje.

Exige creatividad, dedicación y una gran valentía. Parar y dedicarse un tiempo de calma es, en muchas ocasiones, difícil. El mundo va demasiado rápido, todo el rato centradas en el hacer, en el conseguir, en el lograr. Se necesita valor, se necesita determinación, para cambiar la vibración y para poder cuidarte, atenderte y tratarte con cariño a ti misma, como lo haces con los seres que quieres. Tomar tiempo para una misma es todo un desafío en la ajetreada vida de una madre con criaturas creciendo, pero también un auténtico regalo para ti y para los tuyos. Parar y observarse es la puerta a la sabiduría, es darse cuenta de cómo el piloto automático se ha adueñado de tu vida y de tu interior y de cómo la dirige sin timón.

Puede ocurrir al principio que haya cierta resistencia a parar y que, una vez sentada, te descubras pensando sobre la necesidad de hacer cosas nuevas urgentes y puedas llegar a sentirte culpable. Recuérdate que es un tiempo que dedicas para cuidarte y para poder cuidar. Piensa que la meditación suele proporcionar más tiempo del que requiere, pasamos mucho tiempo en el piloto automático y esto consume mucho tiempo y energía, la meditación te permite salir de esta forma mental y a medida que puedas hacer de esto un hábito descubrirás que tu funcionamiento es cada vez más eficaz.

Para llegar a la verdad, a la claridad, a ver lo que hay, necesitas parar, sentarte y escucharte.

Sí, escucharte atentamente. Tu interior te habla de muchas formas: puedes escuchar tu malestar, atender a tus pensamientos, a tus emociones, a tus sensaciones corporales. Tu interior te habla continuamente.

Paso a paso te introducirás a través de *Los cinco caminos* y descubrirás, desde tus entrañas, cómo habitarte y cómo vivir tu vida de una manera más plena, más clara, más serena y más amorosa.

Cuenta contigo, estás llena de recursos propios. Confía en tu sabiduría profunda.

REQUISITOS PARA MEDITAR

Desconecta del afuera, asegúrate de que no serás molestada, apaga el móvil, atenúa las luces y recorta ruidos para facilitar entrar dentro de ti sin distracciones.

Recuerda, ahora «estás contigo». Es una necesidad y un autocuidado para ti y para todos los tuyos.

Atesora como «imprescindible» tu práctica.

Ritualiza tu momento, con cuidado, con amor.

Prepara tu lugar de práctica como lo prepararías para alguien muy amado/a. Buena temperatura, tal vez una manta para ti, una vela, una flor, un incienso. Celébrate.

Tal vez te apetezca abrir una Rueda de Medicina que te acompañe durante las practicas a lo largo de *Los cinco caminos*. Para ello necesitarás saber dónde están situadas, en el lugar donde vas a practicar, las cuatro direcciones, porque cada elemento está relacionado con un punto cardinal.

Así, en el norte, que es el inicio de la rueda y que está relacionado con el elemento aire, puedes colocar una pluma.

En la dirección este, que se relaciona con el fuego, puedes colocar una vela.

Al sur colocaremos la tierra, y en su representación puedes colocar una flor, una planta…

En la dirección oeste localizarás el agua, donde podrás colocar un pequeño vasito con agua y justo en el centro puedes situar un objeto hermoso que te conecte con tu hijo/a o un pequeño cristal…, deja fluir lo que llegue.

Audio: Puedes escuchar los audios de las prácticas para descargarlos, están colgados en mi web. También puedes grabarlos con tu propia voz y escucharlos a la vez que haces la práctica. Al principio puede ser necesario escucharlos para seguir los pasos, pero a medida que vayas progresando ya no los necesitarás; habrás aprendido a andar en bicicleta y los ruedines serán innecesarios.

Tiempo: Busca tu momento del día e intenta mantenerlo. Se trata de hacer de la práctica un hábito a pesar de los obstáculos que te puedas encontrar.

Práctica: La práctica de mindfulness es como cultivar un huerto lleno de flores. El huerto florece cuando se dan una serie de condiciones de atención y cuidados. Cuanto más practiquemos la atención plena, más flores obtendremos. Cuantas más veces practiquemos estar plenamente presentes, nos permitirá estar más presentes para nosotras y para nuestros/as hijos/as, disminuyendo el estrés, la ansiedad y permitiéndonos cambiar nuestros hábitos reactivos.

LA MEDITACIÓN, EL MINDFULNESS

Nuestra mente occidental con predominancia del hemisferio racional y visual necesita información, saber qué, quién, cómo, cuándo, dónde antes de hacer la práctica. Esto es ligeramente diferente en las culturas orientales, acostumbradas a obtener conocimiento destilado de la propia práctica, es decir: primero me siento, medito y luego, lo que experimento, lo integro.

Intentaré en una primera parte del libro satisfacer tu parte racional: te contaré qué es la meditación, porqué meditar, cómo meditar y los beneficios de hacerlo. Así que, vamos allá.

La meditación es una práctica milenaria de transformación. A lo largo del tiempo la meditación ha acompañado de manera transversal distintas tradiciones religiosas, filosóficas y espirituales.

El ser humano siempre se ha preguntado qué es la vida y cómo vivirla. Encontramos el arte de la meditación en tradiciones orientales como el budismo, el vedanta o el taoísmo, y también en tradiciones occidentales, como el cristianismo, el judaísmo o el sufismo, y en muchas más corrientes a lo largo del mundo y de la historia.

«La meditación es una actitud de autoconocimiento, cultivo del potencial y la respuesta que durante miles de años, millones de personas han elegido ante las preguntas que, de una forma u otra, marcan el camino vital de todo ser humano: quién soy y cómo vivir».

ARANTXA MARTÍNEZ LÁZARO

Es complejo definir la meditación, ya que cada corriente espiritual ha diseñado su propia forma y estructura. Podríamos decir que la meditación describe la técnica y la práctica de un estado de atención sostenida, bien sobre un objeto interno, uno externo, sobre la propia consciencia o sobre el propio estado de meditación. Sin obviar que también es meditación el estado de consciencia que se despliega con la propia práctica desde dentro hacia afuera, hacia tu propia vida. La meditación es un proceso de crecimiento personal, nos permite de una forma suave, bella y sutil entrar en contacto con lo que realmente somos, aprendiendo a soltar todas las referencias sobre una misma. Meditar es aprender a dejar ir y a dejar venir, a dejar que la vida nos atraviese. Es la atención deliberada, concentrada o abierta a la experiencia del momento presente.

Es, como experimentarás pronto, una práctica sencilla y científicamente avalada con grandes beneficios.

El mindfulness no es algo diferente a lo que llamamos meditación. Es un tipo de sistematización de la práctica de meditación, adaptada y traducida a la mentalidad occidental actual, secularizada y avalada científicamente.

El gran impulsor del mindfulness en la época moderna fue el estadounidense Jon Kabat-Zinn, profesor emérito de Medicina y biólogo molecular de la Universidad de Massachusetts, que en los años setenta se ocupó de traducir la práctica de la meditación oriental a la mentalidad y cultura occidental, lo estandarizó, lo sistematizó y dio validez científica a sus efectos, creando un programa llamado «MBRS. Programa para la reducción del estrés basado en mindfulness» que aún sigue realizándose en el mundo con éxito para millones de personas.

La definición que propone Kabat-Zinn de mindfulness es ésta: el mindfulness es la conciencia que surge de prestar atención de manera consciente o intencional al momento presente y sin juzgar las experiencias que se despliegan en cada momento.

La definición, si observas con detenimiento, tiene varias palabras claves: atender y observar sin apego ni rechazo a las sensaciones, a las emociones y a los pensamientos.

Los conceptos explicados pueden resultar *a priori* complejos sin destilarlos con la propia práctica. Tal vez te apetezca releerlos otra vez a medida que vas avanzando en tus «sentadas».

A pesar de lo que puedes haber escuchado, es importante discernir lo que NO es mindfulness.

No es dejar la mente en blanco. Nuestro cerebro maneja miles de pensamientos diarios, constantemente intenta regresar a algo que hicimos ayer, planificar lo que hay que hacer mañana o entretenerse en cualquier asunto. Esto es algo absolutamente normal. El objetivo no es dejar la mente en blanco, sino hacerla plenamente consciente del momento presente. Cuando aparecen pensamientos o distracciones, simplemente te das cuenta de ello, las dejas pasar e intentas volver al momento presente de forma amable.

No es una técnica de relajación. Aunque en muchos casos, la atención centrada pueda traer como efecto secundario la relajación, éste no es el objetivo de la meditación, sino permanecer atenta.

No es una práctica religiosa. Las prácticas de mindfulness están basadas en las técnicas milenarias de meditación budista, taoísta, hinduista, cristiana y otras tradiciones y culturas ancestrales. Sin embargo, meditar no quiere decir que se esté practicando ninguna religión ni rindiendo culto a ninguna deidad. Meditar es más bien un camino de filosofía práctica, un conjunto de enseñanzas y técnicas que nos ayudarán a conseguir la plenitud como seres humanos.

No es permanecer indiferente. Podría parecer que al practicar a diario de forma aislada y en silencio, la meditación conlleve el sentirse indiferente ante los problemas o necesidades de otros. Pero esto se aleja mucho de lo que se pretende con la meditación. Precisamente gracias a practicar la meditación, estaremos más atentas a observar estos problemas y podremos sobrellevarlos y enfocarlos de la mejor manera posible.

No es sentarse en silencio. Es intencionalmente una práctica de atención a un foco, no es cavilar, ni reflexionar, ni pensar concienzudamente en algo.

No es reflexionar sobre algo, ni dejar la mente en blanco, ni es una técnica de relajación, ni una forma de trance, ni algo esotérico u ocultista, ni una ciencia exacta, ni algo egoísta o egocéntrico, ni una forma de evitar la realidad, ni pertenece en exclusiva a alguna religión o tradición particular.

El mindfulness nos devuelve la atención al momento presente, nos trae constantemente la atención al aquí y al ahora, a lo que ocurre dentro y fuera de mí, desde una visión desprovista de juicio y con una actitud abrazadora hacia lo que hay, con una actitud de aceptación de la experiencia presente aunque la experiencia no sea placentera, y todo ello rodeado de una actitud amorosa. Lo que da lugar a un espacio de mucha más calma, paz y bienestar entre otras cosas, ya que de ninguna manera la práctica será inocua.

El camino que siguen los programas de mindfulness es un entrenamiento de la atención organizada en prácticas con distintos anclajes progresivos, desde lo más burdo como son progresivamente las sensaciones corporales –la respiración, las sensaciones físicas, el movimiento–, las emociones, la mente, y el anclaje generativo en la compasión, hasta lo más sutil con las prácticas de silencio y contemplativas. También en las cinco sendas que te propongo, progresivamente anclaremos la atención en distintos focos.

CÓMO MEDITAR

Tipos de práctica

Meditar es parar y sentarse con el fin de realizar prácticas concretas, derivadas de las grandes tradiciones de Oriente y Occidente y reexaminadas por los estudios científicos modernos. Pero también es vivir de manera diferente el conjunto de tu propia vida, con toda la consciencia plena posible.

Así, tendremos la práctica de la meditación «formal» en la que paramos, nos sentamos en una postura adecuada, en un lugar adecuado, durante un tiempo determinado y de una manera metódica vamos aprendiendo y permitiendo que la meditación se despliegue dentro de nosotras.

También tenemos otro tipo de prácticas que se denominan prácticas «informales» mediante las cuales una es capaz de hacerse presente en su propia vida, aunque sólo sea durante unos pocos minutos en momentos determinados y también en momentos de activación emocional, sea lo que sintamos agradable o desagradable.

Hacemos un alto y respiramos para admirar algo hermoso o para saborear un momento feliz, igual que nos detenemos y respiramos para hacer frente con plena atención a un momento doloroso.

Las prácticas informales pueden realizarse en todas las acciones de nuestra vida cotidiana: bañar a tus hijos/as, cambiar el pañal, lavarte los dientes, ponerte el pijama, acostarte en la cama, leer un cuento, escuchar… En todos estos instantes nos permitimos vivirlos verdaderamente presentes y atentas. Reequilibrando la tendencia de nuestra mente hacia el instante presente hacia lo que vivimos y no hacia aquello a lo que nuestra mente da vueltas. Ir ampliando esa mirada en nuestra cotidianidad hacia mi adentro y hacia mi afuera dejará que te des cuenta de lo que vives y de lo que necesitas, saliendo del piloto automático, lo que te permitirá atravesar tu vida con un poco más de sabiduría y de serenidad.

Me siento y… ¿qué hago?

Cuando vas a aprender mindfulness, es importante al principio adoptar dos posturas, la del cuerpo y la de la mente.

Una posición del cuerpo adecuada facilita que brote el estado meditativo, se trata simplemente de estar sentada, con la espalda erguida, sin rigidez pero con una actitud de dignidad. Los hombros abiertos, el mentón ligeramente hacia atrás, los pies apoyados en el suelo firmemente y las manos reposando sobre los muslos. Los ojos pueden estar cerrados o semicerrados. Te aconsejo que al principio hagas las prácticas con los ojos cerrados, ya que favorecen la mirada interna y evitarás distracciones. Siempre tratándote de manera amable y con apertura, teniendo en cuenta que quizá en alguna ocasión tengas que practicar con tu bebe en brazos o ser interrumpida. En ese caso, con el entrenamiento, serás capaz de trasladar tu atención a la interrupción y continuar tu práctica.

Luego está la postura de la mente, y se trata de no esperar nada, de no juzgar nada, de no clasificar nada, sino estar simplemente presente aceptándolo todo, observándolo todo. Esto no es tan fácil al principio, estamos acostumbradas a obtener resultados y preferimos sentir cosas agradables y descartar las desagradables. Con la meditación aceptamos y observamos tranquilamente todo lo que llega, sea lo que sea.

Con esas posturas de la mente y del cuerpo, en una primera etapa paramos y nos sentamos. Esto que puede parecer sencillo, tal vez no nos resulte fácil, no estamos preparadas para sentarnos sin ningún objetivo, para simplemente sentarnos a ser, a estar.

En una segunda etapa estabilizamos, anclamos la atención. En el programa que te propongo de *Los cinco caminos,* iremos progresivamente depositando la atención en distintos anclajes. Habitualmente, al empezar la práctica solemos estar dispersas, preocupadas y en muchas ocasiones pensamos que deberíamos estar en otro lugar haciendo, consiguiendo, logrando y el impulso más fuerte es el de levantarnos.

Poco a poco, depositar la atención en anclajes potentes comenzando por la respiración, nos permitirá mantener la atención en algo móvil y cambiante a cada momento, y progresivamente ir dándonos cuenta de cómo la atención se escapa y, suavemente, una y otra vez ir devolviéndola al ancla. Estas escapadas de la mente son habituales, pues ésta produce pensamientos igual que la hipófisis produce oxitocina.

El objetivo no es hacer el vacío de la mente, sino darte cuenta de su tendencia a divagar, a relatar y devolverla de nuevo al foco. Poco a poco, con la práctica y el entrenamiento, llegaríamos a una tercera etapa en la que una vez estabilizada la atención, simplemente se está presente en el mundo y en lo que se siente: respiración, cuerpo, sonidos, ideas, emociones. Esta presencia pura y sin expectativas es la plena consciencia. Es posible permanecer ahí en apertura a lo que llegue y también es posible llegar más lejos una vez que se estabiliza la atención, se puede decidir conscientemente quedarse ahí, en el presente.

La mente occidental, como vimos al comenzar, necesita teorías y explicaciones sobre la práctica. En el caso de la meditación, los conceptos son en muchos casos realmente complejos. Si la práctica y el entrenamiento no entran dentro de ti, serán inútiles, ya que la comprensión llega desde dentro hacia fuera, desde la vivencia y el hábito.

Aprender los fundamentos de la atención plena no lleva más que unas pocas semanas. Como verás, es un método muy accesible, su práctica es muy simple y sus beneficios rápidos. Aunque la meditación es un camino que dura toda la vida.

BENEFICIOS DEL MINDFULNESS

En nuestra salud hay determinantes que no dependen de nosotras: como la genética, la contaminación del aire, del agua o de los alimentos. Pero sí hay otros en los que nuestra conducta puede afectar a nuestra salud: como el ejercicio físico, la alimentación y la meditación. Los beneficios para la salud de la meditación son numerosos. Tiene un impacto biológico favorable, mejora la inmunidad, disminuye los niveles de inflamación, parece frenar el envejecimiento celular, modifica la expresión de los genes relacionados con el estrés... Otro beneficio importante de la práctica de la meditación tiene que ver con la estabilidad en la atención, amenazada continuamente por nuestro entorno, que nos agrede permanentemente con interrupciones, peticiones y exhortaciones continuas.

La meditación también es un medio para profundizar en el conocimiento de una misma: meditar nos ayuda a observar y comprender mejor el funcionamiento de la mente. Esto es esencial, pues muchos de nuestros sufrimientos proceden de nosotras mismas. La vida nos proporciona las adversidades, pero a continuación nosotras añadimos unas dosis suplementarias con nuestros pensamientos, nuestras cavilaciones y nuestras emociones asociadas. La meditación nos permite observar cómo la mente se aparta de lo real para entrar en la virtualidad, ayudándonos a regresar a los problemas reales y sólo a estos sin añadir nada más.

También están demostrados los beneficios sobre el equilibrio emocional. Poco a poco hace que sintamos menos emociones negativas y más positivas. El simple hecho de hacernos presentes en nuestra vida, presentes en la felicidad y presentes en las desgracias nos conduce de manera natural a este reajuste.

Ésta es una gran virtud, ya que nuestro cerebro por defecto tiende a enfocarse y quedarse colgado con los eventos negativos más que con los positivos. Otro beneficio demostrado está en los cambios en la forma de relacionarnos con los demás. La escucha con atención plena, sin juicio y sin preparar la respuesta, permite relaciones mucho más amorosas con los/as que nos rodean.

Entre otras muchas cosas, el mindfulness:

—Cambia y mejora la estructura cerebral.

—Desarrolla el equilibrio, la calma y la serenidad.

—Reduce notablemente la ansiedad, la depresión, el agotamiento y la irritabilidad.

—Reduce los niveles de estrés.

—Disminuye los marcadores de la inflamación, disminuyendo la inflamación sistémica de bajo grado.

—Mejora la inteligencia emocional.

—Incrementa la memoria, la creatividad y la concentración.

—Aumenta nuestra capacidad de relajación.

—Ayuda a tomar conciencia de la relación entre el cuerpo, la mente y las emociones.

—Desarrolla el equilibrio, la calma y la serenidad.

—Aumenta la aceptación y la compasión.

Y para concluir esta larga lista, meditar representa una forma de vivir que modificará la relación que mantenemos con nosotras mismas y con el mundo.

CUALIDADES QUE SE CULTIVAN CON LA PRÁCTICA

—No juicio

—Paciencia

—Mente de principiante

—Confianza

—No luchar

—Reconocimiento/aceptación

—Dejar ser/dejar ir

—Bondad amorosa

Cultivar estas actitudes forma parte de las cualidades que se obtienen con la práctica, y cada una de las actitudes se apoya e influye en el cultivo del resto. Trabajar en una de ellas las aumenta todas. Puedes escribirlas en un papel y colocarlas en un lugar donde puedas verlas a lo largo de tu día.

Dejando que sean semillas que estimulen en ti la reflexión sobre la importancia de su cultivo mientras practicas estando presente. Todas estas cualidades las iremos descubriendo y se irán desplegando con mucha suavidad desde dentro hacia fuera.

No hace falta memorizarlas ni intentar teorizar, ya que sería un conocimiento vacío. Ellas se abrirán dentro de ti como una hermosa flor a través de tu compromiso con la práctica.

«No tengas miedo, mamá.
La primera que aprenda a ser feliz
Enseñará a la otra».

SARA BÚHO, *La inercia del silencio*

SEGUNDA PARTE

LOS CINCO CAMINOS.
ABRIENDO RUEDA DE MEDICINA

EL AIRE: EL CAMINO A MI ESPÍRITU

Te doy la bienvenida al primer camino, el primer sendero te conecta directamente con tu espíritu, representado por el aire. En las tradiciones chamánicas es el lugar en la dirección norte, desde donde todo llega y a donde todo va, es el lugar de las infinitas posibilidades, el todo y la nada. Conectarás a través de dos potentes prácticas con la parte del elemento aire en ti.

En la primera entrarás en contacto con tu respiración; en la segunda depositarás tu atención en los pensamientos.

Que su transitar sea un puro descubrir, buen viaje a tus entrañas.

La respiración amorosa en la maternidad

Preparación previa
Antes de comenzar las instrucciones sobre la práctica de la atención plena a la respiración, me parece útil que tomes conciencia en profundidad sobre el proceso de la respiración.

La respiración es nuestra compañera más íntima en la vida. Nacemos inspirando y morimos espirando. La respiración está con nosotras y dentro de nosotras sosteniéndonos.

La atención a la respiración es una de las prácticas más universales para practicar meditación, hay muchas razones para ello. Por un lado, la respiración es algo totalmente corriente –todas respiramos– y a la vez es algo excepcional, un auténtico milagro que nos mantiene vivas, exactamente igual que la maternidad. Sin la respiración no podríamos vivir, la respiración nos conecta a la vida y va con nosotras donde quiera que vayamos. Enfocar nuestra atención en la respiración tal y como es, sin intentar modificarla, hace que sea algo muy privado, y a la vez portátil. Nadie puede saber si estás prestando atención a la respiración en tu vida cotidiana en la cola de un supermercado o simplemente mientras paseas.

La práctica de la atención a la respiración nos ayudará a estar más presentes en nuestra vida.

Ahora PARA, SIÉNTATE y SIÉNTETE.

La práctica «formal» y su hábito es necesaria. En ella plantas las semillas que verás abrirse en ti y en los tuyos.

Práctica formal. Audio

Siéntate en una postura cómoda. Coloca ambos pies apoyados en el suelo.

Date cuenta de los puntos de contacto entre la parte posterior de tus muslos y las nalgas con el asiento de la silla que te acoge y, suavemente, cierra los ojos.

Deja que tu columna vertebral suavemente se eleve hacia arriba, desde la zona lumbar, permitiendo que esté erguida pero no rígida. Si estás sentada sobre una silla, puedes probar a separar la espalda del respaldo para que tu columna esté más derecha. Permite también que la coronilla de tu cabeza se eleve hacia arriba, hacia el techo; puede ayudarte llevar la barbilla un poquito hacia detrás y hacía dentro, hacia el pecho; abriendo espacio en la parte de atrás del cuello y permitiendo así que la cabeza esté equilibrio sobre el cuello.

Deja que los hombros se separen de las orejas descendiendo hacia abajo y que las escápulas se deslicen hacia atrás, abriendo el pecho.

Permite que los brazos caigan suavemente, encontrando un lugar de descanso para las manos sobre el regazo, los muslos o las rodillas. Con las palmas hacia arriba o hacia abajo, como prefieras.

Una vez sentada, deja que tu cuerpo se acomode en una posición estable, sólida y cómoda, una posición en la que tu cuerpo se sienta cuidado y acogido.

Puedes hacer unas cuantas respiraciones profundas para dejar que el cuerpo se asiente.

Ahora, empieza posando suavemente tu atención a la respiración, como si la respiración fuera en este momento lo único que te importa, disfruta sintiendo la respiración... Atenta al aire que entra, atenta al aire que sale...

No necesitas cambiar la respiración de ninguna forma, no necesitas hacer nada ni cambiar nada, la respiración está bien tal y como es ahora mismo: rápida o lenta, superficial o profunda. Tu cuerpo sabe cómo respirar.

Lleva tu atención ahora a la sensación del aire entrando y saliendo a través de la nariz.

Nota la temperatura del aire que entra, la temperatura del aire que sale.

Quizá puedas ahora fijar tu atención a la respiración en tu pecho y notar allí el movimiento suave cuando el aire entra y cuando el aire sale, sólo observando la respiración sin intentar modificarla.

Si notas un movimiento sutil, bien; si no notas nada…, también bien. Simplemente observa tu respiración, así, como si fuera la primera vez que te fijas en esta especie de milagro que es el proceso de respirar y que sucede constantemente en tu vida, día y noche.

Y por último puedes elegir deslizar de nuevo tu atención a las sensaciones de la respiración en el abdomen, notando como se eleva con la inspiración y como desciende con la espiración.

Donde quiera que te resulten más claras las sensaciones de la respiración –quizá en la nariz, tal vez en el pecho o en el abdomen–, simplemente, permite que tu atención descanse allí.

Respiración a respiración, momento a momento. Cada vez que te des cuenta de que la mente está distraída y ha dejado de enfocarse en la respiración –como es inevitable que suceda– y observes que está pensando, especulando, planificando algo para el futuro, recordando algo del pasado, juzgando, no importa, ésa es la tendencia de la mente. Puedes sentirla como un cachorro o un/a niño/a que se distrae, se va, se aleja… Y cuando te das cuenta de que se ha ido, lo/la vuelves a traer con cariño y ternura y devuelves de nuevo tu atención en la respiración; como si acompañaras a un cachorro, a un/a niño/a y lo haces de forma amable, cálida. Cada vez que tu mente se va y te das cuenta de que está pensando, la vuelves a traer con ternura al suave movimiento de tu respiración.

Simplemente permaneces ahí, en las sensaciones de la respiración, respiración a respiración, dejando que la respiración sea un ancla al momento presente.

Al inspirar… sintiendo que estás inspirando.

Al espirar… sintiendo que estás espirando, fluyendo con cada respiración.

Te invito ahora a colocar las manos en tu corazón, puedes notar ese contacto cálido de tus manos en tu cuerpo como recordatorio de que ahora puedes traer una consciencia amorosa a este momento y volver a descansar la atención a la respiración, notando como tu cuerpo inspira y como tu cuerpo espira.

Simplemente ahora, siéntelo respirar. No hay que hacer nada más, simplemente dejarse respirar.

Es simple, disfrutar el ritmo de tu respiración, dejarse respirar.

Y te dejas cuidar por tu respiración, tu cuerpo te cuida al respirar, te alimenta, déjate cuidar.

Déjate respirar, es simple. Déjate acunar por el suave movimiento de la respiración. Y si quieres, permítete abandonarte a tu respiración, abandónate a ella dejando que sea todo lo que hay. Simplemente respirando, rodeada de aire, siendo respiración.

Ahora puedes soltar tu respiración amablemente y descansar en la experiencia de este momento tal y como eres, dándote permiso para sentir lo que sea que haya, tal y como es.

Y volviendo poco a poco la atención a ese contacto cálido y amoroso de tus manos en tu corazón, te agradeces a ti misma este tiempo para cuidarte y para cultivar la capacidad de sentir calma, claridad, calidez y presencia.

«Respira con amor.

Sin razones.

Disfruta de esta respiración como si fuera la única que tienes.

Apréciala como un regalo de la vida
Que te está siendo ofrecida momento a momento.
Entra confiadamente en su sentir,
como si te abandonaras en los brazos de una gran madre que te
recibe y te nutre.
Sin expectativas sin tiempo,
sólo esta respiración:
es una puerta abierta hacia la vida inmensa que te vive».

DORA GIL, *Del hacer al ser*

Comentarios posteriores. Maternar respirando

La respiración, desde siempre, ha ocupado un lugar central en las prácticas meditativas. Es el ancla más poderosa para conectarse al momento presente. Por ello, una de las prácticas más simples y más eficaces al principio, además de la práctica diaria formal, es dedicarse varias veces al día a llevar la atención a la respiración. Parar y simplemente darte cuenta de tu respiración, cuatro o cinco respiraciones sin intentar cambiar nada con plena consciencia e ir aumentando poco a poco durante dos o tres minutos a lo largo de tu día; la respiración y sus movimientos siempre están presentes.

Nacemos con una inspiración y morimos con una espiración. La respiración nos mantiene vivas. Está formada por una serie de expansiones y de contracciones.

Cuando inspiras, el oxígeno del aire que todos compartimos va a tus pulmones, donde se produce el intercambio gaseoso en los finos capilares de los alveolos pulmonares y permiten introducir en nuestro cuerpo el oxígeno que éste necesita y devolver al aire el dióxido de carbono que no necesita. Un proceso de dar y tomar que empieza en el nacimiento y termina con la muerte.

Si nos tomamos tiempo para reflexionar sobre la respiración, podemos ver la interconexión con todo. El oxígeno que inspiramos viene de los árboles, de las plantas de nuestro alrededor, y el dióxido de carbono que espiramos, se devuelve a la vida en un milagroso y simbiótico proceso. Cuando meditamos solemos prestar conciencia a este proceso.

Todo el mundo respira y no hay nada especial en esto. Sin la respiración no podríamos vivir.

A cada respiración, a cada momento, la respiración es totalmente ordinaria y a la vez completamente extraordinaria, como la maternidad. La respiración va donde tú vas, no puedes salir de casa sin ella. Enfocándote en la respiración, siempre tienes lo que necesitas para estar plenamente en el momento presente, no tienes que hacer nada, sólo prestar atención lo mejor que puedas a las sensaciones de la respiración, como tu respiración fluye dentro y fuera de tu cuerpo momento a momento.

También es algo muy íntimo. Puedes hacerlo en cualquier lugar; en la cola del supermercado, mientras recoges la cocina, mientras mantienes una conversación… Nadie necesita saber si estás enfocando tu atención en la respiración. No dependes de condiciones externas para conseguir bienestar y calma. Con la atención a la respiración encontramos un hogar, un refugio, una cueva donde guarecerse, una casa familiar donde volver una y otra vez a nosotras mismas para ser nutridas y cuidadas. Puedes utilizar la respiración como un ancla al momento presente, como un refugio cuando más lo necesites, cuando te sientas ansiosa, enfadada, triste, angustiada, sobrepasada… Sólo para y observa tu respiración.

Hasta que consigas entender el método y la forma, es necesario que las primeras semanas utilices el audio con la versión más extendida. Posteriormente puedes utilizar versiones más breves y distintos formatos de anclaje a la atención en la respiración, hasta que puedas hacerlo sin audio de manera formal y de la manera que mejor funcione para ti.

La práctica informal podrás hacerla desde el primer día a lo largo de tu jornada. Recuerda: PARAR Y OBSERVAR LA RESPIRACIÓN, cuatro o cinco respiraciones serán suficientes para sacar la mente del piloto automático y devolver la atención al momento presente.

Puedes asociar este parar y respirar a algo que hagas habitualmente, como pasar por una puerta, ver un semáforo en rojo, escuchar el teléfono sonar etc.

Tal vez hayas observado durante la práctica que al llevar la atención a la respiración tu mente se distrae, puedes sentir sensaciones dolorosas en tu cuerpo, sentirte aburrida o distraída, pensar que no lo estás haciendo bien, que esto no es para ti, sentirte culpable por la cantidad de cosas que deberías estar haciendo…, como es normal que suceda, ya que tu mente segrega pensamientos; ése es el momento de darse cuenta de que tu mente está pensando y de llevar de nuevo suavemente la atención a la respiración. Éste es un momento mágico, es una parte muy especial del entrenamiento en atención plena. No hay «bueno o malo» cuando hablamos de meditación, todos los obstáculos y dificultades durante la práctica forman parte del entrenamiento de la atención. Cuando nos damos cuenta de que estamos distraídas o pensando sin culparnos y tratándonos amorosamente, devolvemos de nuevo la atención al ancla de la respiración. Dándote cuenta de tus pensamientos puedes aprender sobre ti, sobre tus hábitos mentales, quizá continuamente preocupada, planeando. Llevar la atención a la respiración nos da una oportunidad para sellar la paz con nuestra mente ocupada.

«Mi vida ha estado llena de terribles desgracias, la mayoría de las cuales nunca sucedieron».

MICHEL DE MONTAIGNE

La respiración constituye un puente genuino entre el cuerpo y la mente. Tiene unas propiedades que la hacen única entre las funciones psicofisiológicas. Es un proceso involuntario. Respiramos sin ningún tipo de intervención voluntaria o consciente por nuestra parte y también somos capaces de manera voluntaria de controlar durante un tiempo relativamente corto nuestra respiración. Esto nos recuerda que no siempre podemos tener el control de las cosas, la respiración funciona sola, sin importar qué queramos lograr, lo que nos lleva a asumir la vida tal y como se presenta, de esta manera el estrés se desvanece permitiendo que la vida nos viva, que la respiración nos respire. La respiración está directamente relacionada con nuestro sistema nervioso. Si estás agitada, tu respiración se agita; si tienes miedo, tu respiración se corta; si agito mi respiración, mi estado emocional se crispa; si siempre entrecorto la respiración, mi incomodidad emocional no tardará en surgir y viceversa; si estás en calma, tu respiración es profunda; y si eres capaz de extender y calmar tu respiración voluntariamente, también lo hará tu sistema nervioso encargado de regular estos estados de paz y tranquilidad.

Ahí reside también el poder de la respiración. Puedo regular y estabilizar mis estados psicoemocionales a través del mecanismo voluntario de la respiración y su conexión con el sistema nervioso. La respiración es el enlace perfecto que hace que esté presente e influyendo tanto nuestros procesos físicos como los procesos psicoemocionales.

Me gustaría explicarte esto un poco mejor. El sistema nervioso se divide en dos partes: el sistema nervioso central y el sistema nervioso periférico. Dentro del sistema nervioso periférico está el sistema nervioso autónomo, y a este sistema pertenecen el sistema nervioso simpático y el sistema nervioso parasimpático. El primero nos prepara para la acción y el segundo regula la calma, el reposo, el descanso. Ambos sistemas se complementan para trabajar en equilibrio, el problema es que de manera automática y en respuesta al ritmo social que vivimos y a la continua sensación de amenaza, el equilibrio sano entre ambos sistemas se encuentra descompensado a favor del sistema nervioso simpático. La respiración consciente y naturalmente profunda que proponen las prácticas de mindfulness regula y equilibra la función integrada de estos dos sistemas, incrementando la calma y el sosiego y manteniendo activo nuestro sistema de acción en la medida que lo necesitemos.

Al practicar la respiración afectuosa damos un paso más, y una vez que nuestra atención ha sintonizado con la respiración, contactamos con nuestro corazón compasivo, es decir, con la fuente de amabilidad, de cariño y de ternura que existen en todas nosotras.

Una vez que hemos conectado con esa fuente de amor, dejamos que se derrame sobre la respiración. Contemplamos con ternura y con afecto cómo se produce el respirar en nosotras y cómo la respiración acaba meciéndonos suavemente. Sabemos que esto produce un aumento en la secreción de oxitocina, que es la hormona asociada al refuerzo de los vínculos y de la afectividad. La hormona del placer, de la calma, de la satisfacción, tan importante en nuestras funciones fisiológicas durante la maternidad y que cobra relevancia especial durante el nacimiento de nuestras criaturas, durante el puerperio y la lactancia. Es maravilloso que entiendas –y puedas darte cuenta de ello a través de las prácticas– la conexión indisolublemente unida entre la mente y el cuerpo y que comprendas cómo accediendo a estados de calma y paz, la oxitocina fluye.

Nos conectamos a la respiración y la contemplamos con amor. Eso es todo.

Esta práctica es nuestro pilar básico para practicar mindfulness y comenzar a ver sus efectos secundarios.

La respiración y sus movimientos siempre están presentes y accesibles para ti.

Práctica informal

A lo largo de tu día, haz paradas frecuentes de 3 o 4 respiraciones conscientes. Tal vez puedas hacerlo cada vez que miras tu teléfono, antes de responder a un mensaje o de abrir una red social, respira de manera consciente.

Los pensamientos en la maternidad

Preparación previa

La segunda práctica que te propongo en el camino a tu espíritu es una observación profunda a tu mente, a tus pensamientos.

Cada situación que vives durante tu maternidad, sea placentera o desagradable, ansiosa o estresante, está compuesta por tres elementos: los pensamientos, las emociones y las sensaciones físicas asociadas a esa situación.

Imagina la siguiente situación:

Estás en casa sola con tus dos hijos/as, la entrada del colegio es a las 9 de la mañana y son las 8:55. Te has levantado y has preparado los desayunos, has recogido los restos de la cena anterior, has preparado y recogido tu ordenador y los papeles para tu trabajo. Tu hijo/a mayor protesta insistentemente que no quiere levantarse mientras lavas, vistes y ayudas a desayunar a tu hijo/a pequeño/a.

Intentas dialogar y hablar con el/la mayor, que se tira al suelo y dice que no va al colegio. En este intervalo, el/la pequeño/a agarra un rotulador y pinta la pared del pasillo mientras espera en la puerta.

Si puedes ponerte en la situación y cerrar un segundo los ojos, tal vez puedas darte cuenta de los pensamientos asociados que llegan a tu mente, también de las emociones que te produce y quizá seas capaz de valorar alguna sensación física asociada.

Práctica formal. Audio

Siéntate cómodamente en tu postura de meditación, con la espalda recta, el cuerpo establemente asentado, la barbilla ligeramente recogida y las manos descansando en tu regazo o sobre las piernas, los ojos suavemente cerrados.

Siente como la postura te enraíza en la tierra, a la vez que te eleva hacia cielo...

Relaja tu vientre, tu barriga..., ofreciendo a la respiración su cabida natural.

Percibe el aire entrando por la nariz, cómo se desliza suavemente por cada orificio...

Los músculos de tu vientre se aflojan en una agradable sensación de bienestar...

Toma conciencia de las sensaciones al inspirar y de las sensaciones al espirar… siente la marea de la respiración que se mueve en el bajo vientre…

Lleva ahora la atención a tu cuerpo, al lugar que ocupa aquí y ahora… y haz un breve recorrido por él detectando las zonas que puedas notar tensas y las que notes más relajadas. Si lo deseas, puedes comenzar por la cabeza y terminar con los pies. A medida que te permites observar tu cuerpo, puedes también experimentar pasear la respiración por él, sintiendo cómo tu nariz respira, tu garganta respira, tu pecho respira, tus pulmones y tu corazón respiran. Siente cómo respiran tus brazos, tu vientre y tus caderas, tus piernas. Cada vez que te distraigas, vuelve a la respiración suavemente, amablemente…

Presta ahora atención a tus pensamientos… Haz como si estuvieras sentada en la orilla de un río, en cuyo cauce aparecen troncos flotando. Observa como los troncos pasan por delante de ti y continúan su camino sin detenerse hacia el mar… Tú, simplemente, los ves pasar… Hazlo con tus pensamientos: advierte cómo aparecen, cómo se desarrollan y cómo dejan paso al siguiente… No te aferres a ninguno, sólo míralos pasar…

Desde la orilla, observas los troncos llegar, pasar por delante de ti y continuar su camino. Observa tus pensamientos llegar, pasar y continuar su camino sin aferrarte o engancharte a ellos…, mirándolos pasar.

Tal vez puedas advertir el pequeño espacio que queda entre un pensamiento y el siguiente…, entre un tronco y otro… Es muy pequeño al principio, pero si pones en él tu atención, notarás como se ensancha cada vez más… Permanece en él en ese espacio sin intentar aferrarlo ni agrandarlo…. Lo que dure está bien.

Muy suavemente, como al inicio, vuelve a permitir que la respiración se pasee por el cuerpo de los pies a la cabeza observando, aceptando cada sensación corporal e infundiéndole vida con cada respiración… Puedes tomar varias respiraciones conscientes y luego con mucha amabilidad y poco a poco ir movilizando tu cuerpo.

«Tengo que ser un poco más simple. Permitirme vivir un poco más. Dejar de querer que mi vida dé sus frutos ya. Pero he hallado el remedio. No tengo más que acuclillarme en un rincón y, así, acurrucada, escuchar mi interior. Pensar no me sacará del apuro. Pensar es una importante y bella ocupación en los estudios, pero no es lo que te soluciona situaciones psicológicas difíciles. Hay que tornarse pasiva, ponerse a la escucha. Recuperar el contacto con un trocito de eternidad».

ETTY HILLESUM

Comentarios posteriores

Mente llena o mente plena. Hablemos sobre los pensamientos.

La mente funciona sola, es autónoma. Nuestra manera de actuar está determinada entre otras cosas por cómo la mente piensa. La función de la mente es segregar pensamientos, igual que una glándula segrega hormonas. Continuamente comenta lo que ocurre en tu vida, lo evalúa y lo etiqueta como bueno o malo, continuamente planea el futuro o refleja el pasado, cuenta historias sobre cómo y por qué las cosas pasan en cada situación, categoriza, compara. A esto lo llamamos «la mente pensante». De hecho, pensar es absolutamente necesario, como es obvio, para resolver problemas, para aprender del pasado, etc. La dificultad se hace presente cuando la mente pensante toma el mando y continuamente segrega pensamientos que dirigen nuestra vida en un total «piloto automático», sin darnos cuenta de lo que vivimos, alejadas del momento presente.

Imagínate que la percepción que tienes de la realidad viene condicionada por unas gafas con múltiples lentes de colores. Gracias a la práctica del mindfulness, poco a poco, te irás despojando de todas esas lentes y serás capaz de percibir la realidad tal y como es, sin pensamientos y sin emociones asociadas, que en muchas ocasiones condicionan nuestra manera de actuar, haciéndonos reaccionar de manera automática. La manera en la que reaccionas, cómo te sientes y lo que decides hacer es el resultado basado en cómo determinas la situación en la que te encuentras y las historias que tu mente evalúa sobre ella. La evaluación de la situación puede ser positiva o negativa, condicionada por el pasado, por tus creencias, por tus juicios, y todos estos pensamientos generaran emociones y a la vez sensaciones físicas.

Cuando tomamos conciencia y nos damos cuenta de que nosotras no somos nuestros pensamientos, ni nuestras emociones, ni nuestras sensaciones físicas, y somos capaces de separarnos de ellos, se abre un espacio, una distancia que nos permite responder a la realidad que atravesamos, sea la que sea, en vez de reaccionar totalmente condicionadas por el «piloto automático». Nos hacemos dueñas de nuestras actuaciones y respuestas.

«No son las cosas que están pasando lo que nos causa sufrimiento, es lo que nos decimos a nosotras mismas sobre las cosas que están pasando. Éste es el origen del sufrimiento».

PEMA CHÖDRÖN

Con la práctica aprendemos a permanecer presentes y conscientes en cada momento, dándonos cuenta de los pensamientos que aparecen, observándolos…, dándonos cuenta de cómo aparecen, de cómo llegan y dejándolos pasar. Desidentificándonos de nuestros pensamientos podemos observar lo que sucede con equilibrio.

En el caso del ejemplo inicial anterior, podrías reaccionar a la situación de manera automática, obedeciendo a tus pensamientos de ira, a las sensaciones de frustración y a la cantidad de hormonas del estrés inundando tu cuerpo, o tal vez puedas utilizar el mindfulness, dándote cuenta de lo que pasa dentro de ti, es decir, lo que estás pensando, tus emociones a punto de explotar y las sensaciones en tu cuerpo, y tal vez seas capaz de quitarte esas pantallas de colores y ver realmente la realidad tal y como es:

Tu hijo/a esta llorando en el suelo, tu bebé acaba de pintar toda la pared y son las 9 de la mañana.

Serás capaz con el entrenamiento en mindfulness de parar, separarte de la situación y enfocar tu atención en tu respiración y notar, tal vez, como es en este momento más rápida. Y también podrás notar como tu cuerpo está tenso, observarás la situación tal y como es fuera de ti y dentro de ti, sin juzgarla como buena o mala, permaneciendo un momento ahí con lo que es. Y podrás darte cuenta entonces de que se genera un espacio en el que se abren varias opciones de respuesta a la situación.

Es la evaluación de la situación lo que determinará cómo respondes, no la propia situación, y tus filtros los que hacen que reacciones automáticamente.

A la mente pensante le gusta crear historias sobre lo que está pasando, intentará darle un significado a cada situación:

¿por qué tu bebé pinta la pared?, ¿por qué tu hijo/a se tira al suelo llorando?, ¿qué estás haciendo mal?... Todas las experiencias vienen filtradas por nuestra memoria y alteradas por el significado que les das. Muchos de tus pensamientos son sólo historias, en otras palabras, tus pensamientos no son hechos, son modos en los que tú das un significado a lo que percibes. Y porque los pensamientos no son hechos, no tienes que creer todo lo que pienses. La llave es darse cuenta de que sólo son pensamientos, observarlos atentamente y permitir su flujo natural sin enredarse en ellos, observarlos como troncos en el río o como nubes en el cielo que pasan, o como imágenes en una gran pantalla... La liberación consiste en verlos, no en ser ellos. Es un gran trabajo a lo largo de tu día darte cuenta de tu rumia mental, observar el modo en el que tu mente piensa y decirte a ti misma «Esto es sólo un pensamiento» y dejarlo ir. Progresivamente, esta práctica se hará cada vez más dueña de tu mente, la atención predominará sobre los pensamientos, los detectará al instante.

En este entrenamiento pueden ocurrir varias cosas: tal vez tu atención pueda no advertir la presencia de los pensamientos; éstos se adueñan de la situación y te dirigen como una marioneta, identificada con tus propias historias mentales. Es lo que llamamos «piloto automático». Si tu atención detecta los pensamientos en el instante en el que aparecen, te mantienes a distancia y en ningún momento te identificas con ellos, los pensamientos se van, queda la atención y poco a poco te habitúas a permanecer en ella. La práctica te irá haciendo también capaz de detectar cada vez con más facilidad el espacio entre un pensamiento y otro. Poco a poco esas pausas se irán prolongando y todo esto se desplegará sin esfuerzo con una atención descansada.

Quizá puedas notar también al pararte a hacer esta práctica que tu mente no para…, que los pensamientos se atropellan uno encima de otro. Es una reacción esperable cuando la mente está muy saturada. En este caso, trátate con mucho cariño, con mucha amabilidad y persevera en la práctica. No hay meditaciones buenas y meditaciones malas, sólo hay meditación y sus efectos secundarios se dan siempre.

Gracias a la práctica perseverante de observar con atención los pensamientos y las emociones, la angustia o los impulsos incontrolados serán cada vez menos dueños de la persona. Gracias a esta observación desapegada y sin juicio seremos más libres, más sabias y más bondadosas.

«Deja tu puerta delantera y trasera abiertas. Permite que tus pensamientos vayan y vengan. Simplemente, no les sirvas té».

SHUNRYU SUZUKI

Práctica informal

Escoge una o más actividades a lo largo de tu día, como lavarte los dientes, peinarte, ducharte, lavar los platos, cocinar, conducir y simplemente observa los pensamientos que aparecen, date cuenta de ellos y déjalos pasar sin engancharte.

LA TIERRA: EL CAMINO A MI CUERPO

El segundo sendero de atención que te propongo, en la dirección sur de la Rueda de Medicina, es hacia tu tierra, hacia tu cuerpo, hacia tu envoltura física y el asiento de tu vida. La propuesta es conectar con ella a través de tus sensaciones corporales con la práctica del escáner corporal amoroso.

Es una de las prácticas más profundas y largas. Procura encontrar un momento para hacerlo en el que no tengas sueño. El objetivo no es dormirse, sino permanecer atenta.

El escáner corporal amoroso en la maternidad

Preparación previa

Es fácil en el mundo en el que vivimos pasar mucho tiempo pensando y desconectadas del mundo interno.

A veces podemos pensar que nuestro cuerpo no es el adecuado, todo el rato bombardeadas desde el exterior con cánones estrictos de belleza muy alejados de la realidad de las madres.

La atención que recibe nuestro cuerpo suele estar casi siempre dirigida a las apariencias físicas o estéticas, y a veces también para atender a sus llamadas puntuales de urgencias, molestias o dolores. Casi nunca para habitarnos en plenitud y darle atención como vehículo de sanación que es, dándonos cuenta de la no-separación, de la unión entre el cuerpo y la mente.

La práctica del escáner corporal es una invitación a habitar tu hermoso y poderoso cuerpo de mujer, sin ningún tipo de juicio y con una gran apertura y aceptación hacia lo que sea que haya.

Práctica formal. Audio

Muchas mujeres prefieren hacer esta práctica del escáner corporal acostadas, pero también podrías hacerla sentada en una silla o incluso de pie.

Colócate en una postura lo más cómoda posible, puedes incluso cubrirte con una manta para no enfriarte.

Afloja las prendas de ropa que puedan apretar en tu cuerpo, como el cinturón, el botón del pantalón y quizá te permitas desabrocharte el sujetador.

Si durante la práctica te sientes especialmente incómoda o dolorida, puedes moverte, ajustar tu posición y continuar.

Las instrucciones para esta práctica dan por sentado que la vas a realizar acostada, pero si la postura que escoges es otra, adapta las recomendaciones a tu caso concreto cuando sea apropiado.

Permite que tu cuerpo se apoye lo mejor que puedas sobre la cama, una alfombra, el suelo o una manta.

Coloca los brazos a ambos lados del cuerpo; permite que los hombros descansen, se relajen; deja que el rostro se afloje y que suavemente los ojos se cierren.

Puedes dejar que las piernas se separen estiradas suavemente y que los pies caigan hacia los lados.

Suelta, relaja completamente el peso de tu cuerpo y abandónate a la gravedad; deja que el peso de tu cuerpo descanse sobre la cama, el suelo, la alfombra; deja que esta superficie te acoja cariñosamente.

Posa tu atención ahora en las sensaciones de la respiración en el abdomen; siente como se eleva al inspirar y cómo desciende al espirar; se trata de sentir las sensaciones directamente tal y como ocurren sin intentar modificarlas, respiración a respiración.

En la próxima inspiración, permite que el aire que entra llene tus pulmones y todo tu cuerpo, como si fuera un espacio vacío. Y así, el aire que entra a través de la nariz recorre todo tu abdomen, tu muslo izquierdo, tu rodilla, tobillo y el pie izquierdo. Y te vas a fijar en el punto en el que el pie toma contacto con la superficie en la que estás tumbada.

Lleva tu atención a la experiencia de contacto aquí y observa la sensación de peso o de presión, siente como se apoya el pie, especialmente el talón, y expande tu atención para incluir toda la planta de tu pie izquierdo, el talón, el arco del pie.

Observa cariñosamente que sensaciones hay presentes, puedes percibir una pulsación o vibración, calor o frescor, la sensación del aire en el pie o la sensación del calcetín que llevas puesto, o tal vez puede que no percibas nada. Ahora desplaza tu atención a los dedos del pie, solamente a los dedos del pie izquierdo, y percibe el inicio de los dedos, las yemas de los dedos del pie izquierdo, el espacio entre los dedos, y mira a ver si puedes explorar cada dedo del pie izquierdo de forma individual.

Desliza ahora tu atención hacia el empeine, y explóralo de la misma forma, mira a ver que sensaciones aparecen y luego muévete hacia el tobillo, rodea con tu atención el tobillo y siente lo que está presente ahí, en el tobillo, lo percibes interiormente, los huesos, los músculos, la sensación de la piel, de la ropa en contacto con el tobillo... Y luego mueves tu atención hacia la parte delantera de la pierna izquierda, hacia la parte de atrás, la pantorrilla, el peso de la pierna, las sensaciones de los músculos, sintiendo lo que hay y dándole la bienvenida con amabilidad. Luego, continua hacia la rodilla, el hueso de la rodilla, la rótula, la parte de atrás de la rodilla, los lados de la rodilla izquierda, quizá puedas sentir el ángulo que forma la pierna.

Ahora continúa hacia el muslo, desde la rodilla hasta la articulación de la cadera, explora con curiosidad estas sensaciones en el muslo desde la superficie de la piel del muslo, hasta lo más profundo al nivel del hueso y de los músculos. Percibe la circunferencia del muslo, su peso... Y ahora expande tu atención para incluir toda la pierna entera desde la cadera, el muslo, la rodilla, el tobillo, el pie y los dedos, inspirando y espirando, llenando de aire toda la pierna izquierda; como si descansaras con la pierna izquierda.

Inspiras, y con la siguiente espiración, permites que tu atención se vaya hacia abajo, hacia la pierna derecha, y dejas que se pose en el punto donde el pie derecho hace contacto con el suelo. Siente este contacto, la zona del pie derecho que hace contacto con la superficie donde estás apoyada.

Luego, despacito, vas llevando la atención como hiciste con la pierna izquierda, llevando primero la atención por toda la planta del pie derecho, y ve dándote cuenta de las sensaciones que regala esta zona. Los dedos del pie derecho, el momento en el que surgen del pie, la zona media, el espacio entre los dedos, del pie derecho.

Dirige ahora tu atención hacia el empeine, hacia el dorso del pie derecho. Explora también las sensaciones que hay ahí y, si puedes, al explorar dirige una atención cariñosa a tu pie derecho, y ve posando tu atención suavemente al tobillo derecho, la espinilla y pantorrilla de la pierna derecha, la rodilla derecha, sintiendo todo aquello que seas capaz de sentir en la rodilla derecha, quizá incluso siendo consciente de cualquier pequeña tensión o vibración.

Tal vez en este recorrido por tu cuerpo puedan aparecer zonas de dolor, de incomodidad, de tensión, y en otras ocasiones sensaciones físicas agradables de bienestar o de relajación, quizá haya zonas en las que las sensaciones sean neutras o no sientas nada. Todo es acogido sin juzgar y sin rechazar, permítete recoger y registrar lo que haya, sea como sea. Deja ahora que la atención se mueva hacia arriba, hacia el muslo derecho, por delante, por detrás, por los lados, todo el espesor de muslo desde la rodilla hasta la cadera. Sintiendo el peso de toda esta parte del cuerpo, y su contacto con la superficie en la que estás tumbada.

Ahora amplía el foco de tu atención a toda tu pierna derecha, desde la cadera hasta los dedos del pie consciente de las sensaciones en toda la pierna derecha, y ahora dirige tu consciencia hacia la pelvis, hasta la base del tronco. Lleva tu atención hacia tu barriga, date cuenta de la suavidad de esta zona, quizá aparezcan o no sensaciones en lo profundo de tu abdomen, las sensaciones de la digestión, la presión, el vacío o la plenitud y también, observando, las sensaciones a través de la piel.

Inspira profundamente, y al espirar, lleva tu atención hacia la parte baja de tu barriga, presta atención a las sensaciones en la zona del útero, en la zona de los ovarios. Inspira y lleva tu cálida espiración a esta zona, con un sentimiento de agradecimiento por su trabajo al acoger a tu bebe y todas tus creaciones. Tal vez te apetezca colocar tus manos encima de esta zona y observar las sensaciones que se generan intentando acoger todo lo que aparezca, sea agradable, desagradable o neutro. Date cuenta de las sensaciones poderosas aquí, permanece atenta aquí el tiempo que necesites. Espirando calidez hacia esta zona.

Mueve tu atención hacia los lados y hacia la parte de atrás de la pelvis, hacia los huesos de la cadera y el espacio donde los glúteos se apoyan en la superficie en la que estás tumbada y siente toda la pelvis, el coxis, la vulva y la región del ano. Ahora inspira, y con la siguiente espiración muévete hacia arriba del tronco, hacia el abdomen superior, al área entre la parte baja de las costillas y el ombligo, quizá aquí puedas sentir las sensaciones de la respiración.

Luego dirige tu atención a los lados, hacia la zona de la cintura y por detrás a la zona media de tu espalda, quizá sintiendo presión, dolor, tensión; o quizá sintiendo relajación, bienestar, amplitud; sea lo que sea, lo aceptas y le das la bienvenida.

Continúas por delante hacia la caja torácica y sientes ahí tus pechos, lleva primero la atención a tu pecho izquierdo y recoge amorosamente todas las sensaciones que allí encuentres... Cuando estés preparada, inspira, y al espirar deposita tu atención en el pecho derecho, da también la bienvenida a lo que ahí haya. Inspira y lleva tu espiración cargada de amor y de agradecimiento hacia tus dos pechos, lecho de tus criaturas.

Cuando estés preparada, inspira, y al espirar mueve tu atención hacia las sensaciones de las costillas, del esternón y de tu corazón. Tal vez puedas notar su latido, incluso una sensación de calidez expansiva. A menudo el corazón se describe como el hogar de las emociones. Dirige tu atención de una forma cariñosa a esta parte del cuerpo.

Percibe ahora las sensaciones a ambos lados de las costillas y de las axilas y luego vete llevando la atención a la parte de arriba de la espalda, a las escápulas, hazte consciente de la presión de las escápulas con la superficie en la que te apoyas.

Permite que tu conciencia abarque el centro de tu cuerpo, que aloja a tantos sistemas corporales. Respira y siente lo que se puede sentir ahí.

Ahora, lleva tu atención, con la siguiente espiración hacia el hombro izquierdo y explora con mucho cariño la parte de delante y de detrás del hombro izquierdo sintiendo lo que hay aquí, lo que esta zona te presenta, y desplaza tu atención hacia la parte superior del brazo, sintiendo la cara interna y externa del brazo hasta el codo. Dirige luego la atención hacia el propio codo, sintiendo la protuberancia del propio hueso y el suave pliegue interno de tu codo. Luego siente como tu atención se mueve por el antebrazo, desde el codo hasta la muñeca izquierda, sintiendo aquí cada sensación.

Percibiendo ahora tu muñeca, quizá puedas percibir ahí el pulso, el latido del corazón.

Inspira, y al espirar lleva tu atención al hombro derecho, acoge las sensaciones que esta zona te regala, poco a poco… desplaza la atención hacia la parte superior del brazo, la parte en contacto con la superficie que te sostiene, la parte libre, el codo, la zona interna del codo, el antebrazo, las sensaciones en la muñeca.

Y ahora inspira, y vas a llevar la atención con tu espiración a tus manos, primero la mano izquierda y luego la mano derecha; observa la palma de tus manos, el dorso de cada una de ellas, los dedos, tal vez puedas detectar humedad, sequedad o distintas temperaturas en ambas manos; recibe lo que sea que haya. Puedes empezar por los dedos de la mano izquierda uno por uno y poco a poco ir descubriendo las sensaciones de los dedos de la mano derecha.

Inspira y deposita la espiración a tus manos, inspira y espira hacia ellas agradeciéndoles la capacidad para dar y para recibir, para acariciar, para cuidar, para proteger, para expresarte, para abrazar, para curar, para acercarte y acercar. Inspiras, y con tu espiración acaricias amorosamente tus manos.

Y ahora, cuando estés preparada, amplia tu enfoque de atención para incluir el espacio entre el hombro izquierdo y el hombro derecho, permitiendo que esa zona se suavice, esa zona que a veces sostiene tantas cargas, físicas, emocionales y mentales.

Ahora, lleva tu atención hacia el cuello explorando la parte de delante, de atrás y de los laterales del cuello, sintiendo las sensaciones de la piel del cuello y de la garganta y también las sensaciones más profundas, llevando tu conciencia amorosa a esta zona de tu cuerpo por donde pasa la tráquea, que nos sirve para llevar el aire a los pulmones; el esófago, que transporta la comida hasta el estómago; y todas las vértebras cervicales, que dan movilidad a la cabeza y el cuello. Siente el peso, la textura, los mensajes que te muestra tu cuerpo.

Deja que la atención suba hasta la nuca y se vaya expandiendo por todo el cuero cabelludo y lleva la atención a la parte de arriba de la cabeza, quizá sintiendo el aire en la cabeza o una sensación de amplitud, dando la bienvenida a lo que aparezca, momento a momento… Lleva ahora la atención hacia la frente, sintiendo la expresión de las sienes, el espacio entre las cejas, las cejas, el peso de los párpados, la sensación en los ojos cerrados, permitiendo que estas zonas se relajen. Después, dirige tu atención hacia la nariz, las mejillas y la mandíbula, dando espacio a estas áreas en donde a veces experimentamos tensión. Y luego desplaza tu conciencia a los labios, los dientes, la boca, a los oídos, al pabellón de la oreja. La cara es la zona de tu cuerpo que presentas al mundo, el vehículo en que expresas tus sentimientos, emites tus palabras y la parte del cuerpo que percibe el mundo a través de los sentidos.

Ahora, amplia tu atención para incluir toda tu cara y tu cabeza, expándela para incluir el hombro, el cuello, expándela de nuevo para incluir los brazos y las manos y ahora expándela a todo el tronco, al pecho, al abdomen, a la espalda, la pelvis, continúa expandiendo tu atención hacia los muslos y rodillas, hacia las piernas, tobillos y pies y mientras respiras, percibes como está tu cuerpo en este momento, aceptando, venga lo que venga, esta experiencia de tu cuerpo, que respira como una totalidad.

Agradeciendo a tu cuerpo todo lo que hace por ti, día a día.

Reposa tu atención regalando a tu cuerpo una sonrisa mientras respiras, y cuando te vayas sintiendo preparada, a tu propio ritmo, empieza a mover muy suavemente los dedos de las manos y de los pies.

«LA CASA DE HUÉSPEDES
El ser humano es una casa de huéspedes.
Cada mañana un nuevo recién llegado.
Una alegría, una tristeza, una maldad
que viene como un visitante inesperado.
¡Dales la bienvenida y recibe a todos!
Aunque sea una caterva de penalidades
que barren violentamente tu casa y la vacían de los muebles.
Aun así, trata a cada huésped honorablemente,
puede estar creándote espacio para una nueva delicia.
El pensamiento oscuro, la vergüenza, la malicia,
recíbelos en la puerta sonriendo
e invítalos a entrar.
Agradece a quien quiera que venga,
porque cada uno ha sido enviado
como un guía del más allá».

RUMI

Comentarios posteriores

Vivimos en piloto automático, con una preponderancia de nuestra mente sobre nuestro cuerpo, y no nos damos cuenta de lo que ocurre ahí dentro. Nuestro cuerpo necesita comer, dormir, descansar, ir al baño… Cuánto estrés o dolor acarreamos sin darnos cuenta, ocupadas en muchas ocasiones de los cuerpos y necesidades de nuestras criaturas y absortas también por las necesidades de nuestro trabajo.

¿Quién se hará cargo de tu cuerpo si tú no lo haces?

¿Cómo podrás cuidar a tus criaturas si primero no cuidas de ti misma?

Habitar tu cuerpo es una manera muy poderosa de salir del piloto automático y de darte cuenta de una manera amorosa de tus necesidades. Aprendemos con esta práctica a relacionarnos de una forma diferente con nuestro maravilloso cuerpo de mujer.

Con el escáner corporal volvemos de una forma cariñosa y amable la atención a nuestro cuerpo, para restablecer la unidad cuerpo-mente desde un estado de curiosidad y como si fuera la primera vez que exploras las sensaciones en tu cuerpo. Esto se conoce como mente de principiante. La principal instrucción es experimentar plenamente las sensaciones del cuerpo allí donde llevamos la atención. No consiste en visualizar tu cuerpo, sino en sentirlo, moviendo suavemente tu atención a través de tu cuerpo entero desde la cabeza a los pies y prestando atención exquisita a las sensaciones en el momento presente que experimentes.

Si mi cuerpo está en calma, trasmito serenidad y fluidez y mi mente estará tranquila; y viceversa, si mi mente está enturbiada, exaltada, mi cuerpo responderá con contracciones y con una respuesta hormonal de estrés trasmitiendo ansiedad y agobio. Chequearse con el escáner corporal te permitirá darte cuenta de tus sensaciones corporales, aceptarlas y acogerlas amorosamente sea la que sea, agradable, desagradable o neutra.

Una de las cosas más importantes es que atendemos a la sensación sin juzgarla, es decir, sin decirnos si esta sensación está bien o mal, me gusta o no. Con esta herramienta aceptamos todo lo que hay en nuestro cuerpo, acogemos con mucha amabilidad y cariño sea lo que sea, tanto las sensaciones agradables de paz, de apertura, de relajación…, como las sensaciones desagradables que pueden llegar a través de este paseo amoroso por tu cuerpo.

Y a éstas también las observamos con mucha amabilidad sin juzgarlas, sin etiquetarlas, intentamos observar las características de estas sensaciones, si se mueven, si cambian, das luz a esas sensaciones que se presentan para ti en este momento.

Tal vez en ocasiones durante la práctica la sensación sea tan desagradable que necesites cambiar de postura. En ese caso, te permites hacerlo suavemente, como si fueras una exploradora, decides moverte conscientemente dándote cuenta de cómo aparece el impulso y la necesidad de cambiar de posición, y observas luego la sensación tras el cambio de postura. Descubriendo de esta manera la posibilidad de responder a la sensación desde un espacio de apertura, no desde una reacción automática.

No hay una buena meditación ni una mala meditación, hay una práctica diferente en cada momento. En ocasiones, podrás sentirte conectada y con muchas sensaciones de bienestar y expansión, en otras… distraída, tensionada y desenfocada todo el rato. Forma parte del entrenamiento en mindfulness. Con curiosidad, ¿qué sensación hay ahora en mi pie derecho? Con apertura hacia lo que ocurra, «lo que sea que esté, lo acojo», y con aceptación, «lo que sea que siento en mi cuerpo, está bien, incluso si no siento nada, es lo que es». Aceptar no tiene que ver con que me guste o no me guste la sensación, simplemente es permitir que esté donde está y dejar de luchar.

La respiración también nos permitirá trabajar con las sensaciones desagradables, respirando hacia la zona donde sientes esa sensación intentando suavizarlas amorosamente. La respiración resulta tranquilizadora, libera muchas hormonas que diluyen las tensiones y el estrés. Este círculo poderoso es un antídoto para el sufrimiento y la ansiedad. También podremos trabajar inspirando conscientemente hacia la parte a la que estamos prestando atención, y durante la espiración, permitir que la atención se desplace hacia otra parte del cuerpo.

Dormirse mientras practicas el escáner corporal puede ser habitual, especialmente cuando comienzas a practicar. Aunque pueda resultar placentero, la práctica consiste en tratar de mantenerte atenta a las sensaciones del cuerpo y no dormirte. El escáner corporal quizá te permite darte cuenta de lo cansada que estás. Si crees que duermes poco, trátate con bondad y cariño, acepta tu cansancio, duerme, disfrútalo y cuando despiertes, practica.

A veces puede ser de ayuda mantener los ojos abiertos durante la práctica; practicar sentada en una silla bien incorporada quizá pueda ser mejor que la cama o incluso practicar estando de pie. Tal vez puedas también mantener una temperatura neutra, ya que es más fácil quedarse dormida con calor, y si realizas la práctica por la mañana, quizá sea más difícil dormirse que por la tarde-noche.

Como resultado de una mente enfocada y calmada puede producirse la relajación, pero éste no es el objetivo del escáner corporal. Con el escáner corporal no estamos intentando relajarnos, el objetivo es estar y permanecer atentas a las sensaciones corporales, aunque el efecto secundario que se produzca sea la relajación en muchas ocasiones.

La mente es autónoma y tenderá a funcionar distrayéndote durante la práctica del escáner, así que cada vez que seamos conscientes de los pensamientos, éste es un momento mágico, es un momento de darse cuenta, es el momento donde elegimos conscientemente dónde queremos colocar nuestra atención y cómo queremos manejar nuestra mente, nos hacemos dueña de ella.

Así que con mucha amabilidad y con mucho cariño nos damos cuenta de los pensamientos y volvemos a depositar nuestra atención a las sensaciones del cuerpo. Ésta es la práctica, de hecho.

Práctica informal

Puedes darte cuenta y llevar la atención a tus sensaciones corporales a lo largo del día. Por ejemplo, mientras estás cocinando lleva la atención a cómo están las sensaciones en tu cuerpo, mientras esperas en una cola, mientras ayudas a vestirse a tus hijos/as, antes de ponerte a trabajar, antes de arrancar el coche, antes de dormirte…

Hay miles de opciones a lo largo de tu día. Ya sabes cómo; PARA, RESPIRA, OBSERVA LAS SENSACIONES EN TU CUERPO.

Puedes reconectar con las sensaciones en tu cuerpo a cada momento del día, con la práctica regular, podrás hacerlo cada vez más fácil, en cualquier lugar y momento de tu día.

EL CENTRO: EL CAMINO A MIS HIJOS/AS

Los cuatro elementos con los que estamos trabajando conforman para las culturas chamánicas un círculo de sanación. Según la cultura a la que pertenezcan lo disponen en los cuatro puntos cardinales formando un círculo sagrado al que llaman, como ya sabes, la Rueda de Medicina. Representa el ciclo de la vida, los ciclos de la naturaleza y el modelo circular de nuestro cosmos.

El centro de la rueda es un lugar de sumo poder, ya que supone la unión del arriba y del abajo y está representado por el corazón. Desde nuestro corazón llegamos a nuestros/as hijos/as.

En el centro de este camino, te propongo cuatro prácticas nucleares; comerás una nuez con atención plena, sembrarás semillas amorosas en ti y en tus criaturas con la práctica de la bondad amorosa en la maternidad y desde ese centro de amor incondicional dentro de ti, se extenderá la práctica del amor incondicional para cuando tu hijo/a/s sufre y también para cuando atraviesas situaciones de conflicto con tus criaturas.

La nuez y la maternidad

Preparación previa
Ésta es una práctica profunda y silenciosa, necesitarás una nuez.

La experiencia transformadora de esto consiste en llevar nuestra atención plena a la nuez.

Colócate en un lugar en el que no seas molestada durante un rato. Escoge una nuez. Cada nuez es diferente, así que presta atención en tu elección tanto si escoges tu nuez entre otras nueces ya peladas, cómo si escoges la nuez entre un montón de nueces con su envoltura natural, en este caso, pártela y saca la parte comestible.

En meditación cultivamos como ya sabes la mente de principiante, que consiste en abordar cada momento de forma fresca y nueva. Los niños y niñas tienen ese tipo de mente, cada momento para ellos/as es único y diferente. Te animo a aproximarte a esta práctica con ojos nuevos, porque la verdad es que ya has visto antes otras nueces, pero nunca has visto esta nuez en concreto, ésta es una nuez completamente nueva, cada momento es diferente, cada hijo/as es diferente si tienes más de uno/a… Tenemos la oportunidad de aproximarnos a cada momento de forma nueva, en cierto modo sería como renacer en cada momento.

Práctica formal. Audio

Mira bien la nuez que tienes en la mano, entra en contacto con ella, obsérvala con mucha minuciosidad, con sumo interés, como si fuera la primera vez que observas una nuez. Conocemos el mundo a través de nuestros sentidos, vamos a tratar de conocer esta nuez través de ellos. Utilizando ahora el sentido de la vista, mira este alimento que tienes en tus manos que llamamos «nuez», mira su color, su textura, su forma, cómo la luz se filtra a través de ella, con mucha curiosidad.

La nuez que tienes en tu mano es una nuez única. Cuando empezamos a practicar mindfulness, miramos todo profundamente.

Así que, si miras con atención la nuez que sostienes, podrás ver que está cubierta por una finísima piel amarillenta que recubre la semilla, que estuvo dentro de una cáscara leñosa, que también estuvo dentro de otra cobertura verde más blanda, que también estuvo unida a través de un tallo a un nogal. Los nogales son árboles cuya simbología está relacionada con la fertilidad y la abundancia. Si miramos con profundidad, podemos ver que también tu hijo/a estuvo dentro de ti rodeado/a por membranas y protegido/a por tu cuerpo, unido/a a ti a través de su ombligo, es decir que…, en algún momento, la nuez de tu mano estaba conectada a algo mayor que ella misma, como nuestros/as hijos/as a nosotras.

Tu nuez estuvo conectada a un árbol, nutrido por la madre tierra, por el agua que venía de la lluvia de las nubes, por el cálido sol, por el aire puro, experimentó la noche y el día, creció, y en un momento único para la nuez que tienes ahora en tu mano, fue recogida por una persona que quizá también era madre o tenía hijo/as, que la puso al sol unos días, se secó y la humedad volvió al aire, fue colocada en cestas o cajas, y fue transportada hasta la tienda donde estaba la nuez que tienes en tu mano y que tu compraste junto con otras nueces, la llevaste a tu casa y elegiste justo ésa, tu nuez.

Esta nuez en particular, justo esta nuez de todas las nueces que hay en el mundo, ha acabado en tu mano. Y si miras cómo lo estás haciendo, quizá puedas darte cuenta de la interconexión que hay en todo lo que existe. El universo, la lluvia, la tierra, el sol, todo esto está en esta nuez si la miras profundamente.

Vas a utilizar ahora a el sentido del tacto, simplemente siente esa nuez. Date cuenta cómo la sientes entre tus dedos, ¿es blanda?, ¿es rígida?, ¿es dura?, ¿suave?, ¿áspera?

Te invito ahora a acercar la nuez a tu oído y a moverla entre tus dedos, ¿escuchas la nuez al frotarla?, ¿produce algún sonido?, quizá nunca antes en tu vida hayas escuchado el sonido de una nuez, tal vez el sonido sea diferente en una oreja que en otra.

Ahora, cambiando de sentido, te invito a utilizar tu sentido del olfato, acerca la nuez a tu nariz para olerla, a ver si puedes oler esta nuez más claramente con una fosa nasal que con otra. Mira a ver si el olor de la nuez estimula tu memoria y también algún recuerdo, date cuenta de que el hecho de oler sucede durante la inspiración.

Mira una vez más la nuez con atención y llévala hacia los labios muy muy despacio. Al acercar la nuez a los labios, ve cerrando los ojos e introdúcela muy despacio en tu boca, observa la sensación de la nuez en tu boca.

Observa como la lengua coloca la nuez entre los dientes, y cuando ya esté entre los dientes, muérdela y empieza a masticar, observa lo que sucede en la boca, no tragues todavía, percibe la saliva... Empieza a saborearla y comienza poco a poco a masticarla, nota como la lengua desplaza la nuez por tu boca y entre los dientes.

Cuando sientas el deseo de tragar, trágala y observa cuántas veces tragas una sola nuez... Observa lo que hace la lengua después de tragar la nuez... y mira a ver si puedes sentir hasta qué parte de tu garganta, o esófago, notas la nuez.

En este momento, tu cuerpo ha incorporado la nuez a su interior.

La nuez te ha aportado energía y un montón de nutrientes cargados de beneficios para tu salud, como ácidos grasos omega 3, que cuidarán de tu sistema vascular y evitarán la inflamación sistémica, y también vitaminas que cuidarán de tu sistema nervioso y de tu cerebro.

Así que cuando miramos profundamente la nuez, que está interrelacionada con todo el universo, a través de la lente de la maternidad podemos ver que contribuye a nuestra salud y nuestra armonía.

Te pido ahora que continúes con los ojos cerrados y escuches con atención esto.

¿Crees que era ésta nuez especial o tal vez la calidad y la intensidad de tu atención ha sido determinante en la experiencia?

Trae ahora a tu mente una imagen de cuando tu hijo/a era una criatura recién nacida. Quizá puedas imaginar…, crear una imagen en tu mente o tal vez puedas recordar a través de una fotografía que te permita evocar la sensación sentida de que está aquí. Te invito en este momento a experimentar a tu criatura en tu mente, tal y como lo has hecho con la nuez. Puedes percibirla con la vista, con el oído, con el olfato, con el tacto, con atención plena, con todos tus sentidos abiertos observando a tu bebé tal y como era o es, sin emitir juicios. Abriéndote a todas las sensaciones y emociones que haya, sin esperar nada y recibiendo todo lo que llegue.

Si tu hijo/a no es un/a recién nacido/a, trae a tu mente ahora la imagen de tu hijo/a en su edad actual míralo/a con la misma apertura, atención y asombro con los que lo hacías con la nuez y como lo hacías cuando era un bebé.

Sin juzgar, sin esperar nada, aceptando a tu hijo/a tal y como es mirándolo/a con atención plena, escuchándolo/a con atención plena, oliéndolo/a con atención plena, tocándolo/a con atención plena, como lo hacías cuando era un bebé, llena de ternura y calidez, sin juzgar, sin proyectar nada, como si fuera la primera vez que lo/a miras.

«Escucho tu silencio. Oigo constelaciones: existes. Creo en ti. Eres. Me basta».

ÁNGEL GONZÁLEZ

Comentarios posteriores

Has comido una nuez con atención plena, prestando atención plena con tus sentidos. Espero que hayas disfrutado. Descubrir esto en profundidad es un regalo.

Te invito a que dejes caer en ti estas preguntas:

¿Era ésta una nuez especial? ¿O la intensidad de la vivencia fue la calidad de la atención que le prestaste, el hecho de estar ahí en plenitud para ella?

Comer de esta manera es un auténtico tesoro, ¿cuántos momentos de auténtico placer y disfrute de tus comidas te pierdes por no estar presente en tus bocados a lo largo del día?

¿Cuántos momentos de tu día se van sin tu atención plena?

¿Cuánto de presente estás en tu vida, y en tu maternidad? ¿Vives en piloto automático? Esta práctica nos permite reducir la velocidad y nos ayudará a salir del piloto automático cuando no estamos prestando atención.

¿Cuántos momentos más en plenitud vas a perderte como mujer y como madre? Cuando practicamos la atención plena nos volvemos más despiertas y vivas al momento presente para nosotras y para nuestros/as hijos/as.

¿Has tenido cuando eras niña momentos de atención plena para ti? ¿Alguien estaba presente para ti?

El mindfulness te permite cultivar el estar presente con tus hijos/as. En vez de cultivar la atención en una nuez, mira a tu bebé, a tu hijo/a/s, con la misma conciencia, con la misma presencia, los bebés y los niños y niñas necesitan atención plena para sobrevivir. AHORA ya tienes la posibilidad de anclarte a cada momento único e irrepetible de conexión con tu criatura. Cultivar el arte del aquí y ahora en mirar profundamente a nuestros/as hijos/as es una gran práctica.

Puedes intentarlo las primeras veces cuando tus hijos/as están dormidos/as cuando están jugando, leyendo, comiendo, viendo la televisión. Miles de momentos a lo largo del día para anclarte y disfrutar de la atención plena a tu hijo/a/s.

¿Cómo reaccionas cuando algo no te gusta?

Tal vez pueda ser que la nuez no te guste, igual que habrá cosas en la maternidad que no te gusten. Una de las cualidades que se generan con la práctica del mindfulness es la mente del principiante. Como ya vimos, es la capacidad para permanecer con lo que hay, es la mente del «no conocer», sin aferrarse a expectativas ni pensamientos que puedan llegar a generar mucho sufrimiento innecesario. Tal vez hasta ahora las nueces que has comido no te hayan gustado, pero con la cualidad de la mente de principiante nos abrimos a esta nuez única y diferente y la acogemos sin expectativas. Porque una cosa son las expectativas, las creencias, y otra muy diferente la realidad.

Y la realidad es que la experiencia puede ser agradable, desagradable o neutra. Lo habitual es que nos aferremos a lo que nos guste y que evitemos lo que nos disguste, y resistirse a la realidad o evitarla genera mucha tensión y sufrimiento.

Así que tal vez puedas abrirte a la experiencia de esta nuez única o tal vez decidas probar la experiencia adaptando las instrucciones a un gajo de naranja o a un trozo de chocolate. En ambos casos será una experiencia con atención plena al momento presente.

Quizá sepas que no te gusta algo de la crianza, como muchas otras cosas, pero tal vez si nos acercamos a ello con atención plena y con mente de principiante momento a momento, entendiendo este momento como algo único y diferente al resto, tal vez descubras que eso no es como pensabas.

Podemos aprender también de esta experiencia la interconexión y la transformación: el ombligo, la conexión con el árbol, la tierra, la luz del sol, las nubes, la lluvia, las estrellas del universo, el proceso de transformación de la nuez, en tu mano existiendo sólo porque todas las demás causas han sucedido y cómo se realiza la transformación en el cuerpo para nuestra salud y bienestar. Es algo muy hermoso saber que absolutamente todo está interconectado, nos permite entender que si yo soy capaz de regular mis emociones, mis pensamientos y mis sensaciones, también lo harán mis hijos/as y vivirán con mayor plenitud.

Tal vez te has dado cuenta de que tu boca salivaba antes de meter la nuez en la boca, y ésta es una observación muy interesante. Nos muestra una vez más la práctica de la experiencia directa la conexión mente-cuerpo. La mente percibe la nuez acercándose a la boca y responde a esto con cambios físicos, empieza a segregar saliva; la mente genera un cambio en el cuerpo.

Las percepciones importan y mucho. Cómo percibamos las cosas tiene un impacto profundo en cómo funciona nuestro cuerpo, y esta conexión funciona todo el tiempo, a cada momento. Si las percepciones generan pensamientos o emociones contractivas, se generarán cascadas hormonales que favorecerán conductas determinadas desde la ansiedad, desde el estrés.

Práctica informal

Durante esta semana, come una comida con atención plena igual que lo hiciste con la nuez, mirándola realmente, oliéndola y degustándola, momento a momento, mordisco a mordisco. Incluye momentos de atención plena con tu hijo/a/s durante el día.

La bondad amorosa en la maternidad.

Preparación previa

Con esta práctica sembramos semillas amorosas dentro de nosotras mismas. Es una forma de entrenar la mente a través de la repetición de frases que evocan la bondad amorosa que somos.

Se usa el poder del contacto y las palabras, y de esta forma y con el tiempo cambia nuestro diálogo interior desde la autocrítica hasta la autobondad amorosa. Es como una canción que suena una y otra vez en nuestra mente, conduciendo nuestros pensamientos y sentimientos.

Cuidando las semillas a través de la práctica y confiando plenamente en la naturaleza saldrán las flores.

Habrá momentos en tu vida como madre en los que tu criatura necesitará menos cuidados físicos directos y momentos en los que tú no estarás allí para protegerle/a, pero siempre podrás utilizar esta práctica reconfortante. Puedes utilizarla también antes de dormirte, al despertar o mientras observas con atención plena a tu hijo/a/s, hay miles de momentos a lo largo del día donde puedes usar esta práctica, incluso después de una discusión o situación conflictiva.

Práctica formal. Audio

Permítete a ti misma colocarte en una posición cómoda en la que tu cuerpo pueda estar estable, si lo deseas, puedes ponerte una mano en el corazón o en alguna otra parte de tu cuerpo que te resulte calmante o agradable, que sea un recordatorio de traer consciencia amorosa a tu experiencia y a ti misma, y descansa unos momentos en el fluir de esa respiración cálida y amorosa.

Trae a tu mente la imagen de tu hijo/a/s, permítete sentir lo que es estar en la presencia de ese ser, crea una imagen en tu mente, si te es difícil, tal vez puedas hacerlo a través de una fotografía que te permita evocar una sensación sentida de que está ahí. Lo traes a tu mente sintiendo lo que ese ser trasmite, tal vez tu criatura es un bebé, si es así, puedes realizar esta práctica con tu criatura en brazos mientras está dormido/a. Ahora reconoce que tu hijo/a/s desea ser feliz y estar libre de sufrimiento al igual que tú y todos los demás seres.

Ahora mental o suavemente sintiendo la importancia de tus palabras, puedes repetir estas frases dirigidas a tu hijo/a o a tu bebe.

Que seas feliz.

Que tengas paz.

Que tengas salud de cuerpo y mente.

Que te vaya bien en la vida. (Repetir todas las frases tres veces).

Puedes usar estas frases u otras; tus propias palabras que reflejen ese deseo profundo para tu hijo/a enviándole ese deseo de que esté bien, de que sea feliz, de que esté libre de sufrimiento.

Que seas feliz.

Que tengas paz.

Que tengas salud de cuerpo y mente.

Que te vaya bien en la vida. (Repetir todas las frases tres veces).

Si notas que te distraes, puedes volver a las palabras y esa imagen de tu hijo/a en tu mente o a la sensación de tu bebé en tus brazos.

Disfruta de los sentimientos cálidos que surgen, tómate tu tiempo. Y ahora únete a ti misma en ese círculo de buenos deseos, crea una imagen de ti en presencia de tu hijo/a visualízate junto a él o ella.

Que tú y yo, que nosotros, seamos felices.

Que tú y yo estemos en paz.

Que tú y yo tengamos salud de cuerpo y mente.

Que a ti y a mí nos vaya bien en la vida. (Repetir todas las frases tres veces).

Ahora deja marchar la imagen de tu hijo/a y permite que el foco de tu atención sea el centro en ti con tu mano sobre el corazón y sintiendo la calidez y la suave presión de tu mano, te ofreces a ti misma estas frases impregnándote de ellas, repitiéndolas tres veces.

Que yo sea feliz.

Que yo esté en paz.

Que yo tenga salud de cuerpo y mente.

Que me vaya bien en la vida.

Te das a ti misma esa calidez, este cariño, esos buenos deseos; «que yo esté bien», «que sea feliz», «que tenga paz», «que tenga salud», «que me vaya bien en la vida». Y vuelves en estos últimos momentos a tu cuerpo, a tu respiración a, sólo estar aquí y ahora con lo que hay, sin relatar, sin interpretar.

Cuando quieras puedes hacer unas respiraciones profundas y reposar tranquilamente en tu cuerpo aceptando la experiencia tal y como es.

«El mejor regalo que una madre puede darle a sus hijos es su propia felicidad».

THICH NHAT HANH

Comentarios posteriores

Sabemos que cuanto mayor estrés y menor bienestar haya en los padres, éste impactará directamente en las interacciones con sus hijos/as, y como resultado se observan padres menos afectivos y sensibles a las necesidades de sus criaturas, y esto impactará en el desarrollo cognitivo y socioemocional de éstas. Serán niños/as más ansiosos/as, con más problemas de conducta, con mayor tendencia a la agresión. De la misma manera ocurre al revés, a menor estrés parental, prácticas parentales más efectivas, más sensibles. Esto es fácil de ver y probablemente todas las madres lo hemos experimentado, cuando una tiene más estrés, la relación con el mundo siempre será más reactiva y agresiva. Las criaturas aprenderán de esos patrones de estrés y perpetuarán el círculo y afectarán también retroalimentando el estado de los padres.

Sabemos que hay dos vías de procesar la información cuando hay estrés. Una de ellas es solamente a través de la vía de la amígdala, o cerebro primitivo o reptiliano, por el cual las vivencias se gestionan de manera muy reactiva, las respuestas tienen que ver con la lucha, la huida o el quedar paralizada, sin llegar a tener conexión con la parte del córtex prefrontal, que se encarga de desarrollar respuestas más reguladas y adaptadas. La práctica de mindfulness potencia las relaciones entre el córtex y la amígdala, así que cuando hay situaciones de estrés permite que una sea capaz de regularse mejor porque hay una mayor conectividad entre esas dos áreas. Hay una mayor conectividad porque estamos relacionando la atención con la experiencia y aceptando la realidad tal como es, y esto nos da un espacio para que se produzca una respuesta más consciente y clara. El hecho de tener una mejor regulación y una mejor conexión entre ambas vías cerebrales va a permitir que como madre seas más capaz de abrirte a tus necesidades y a las necesidades de tu criatura, sin perderte a ti misma en ese proceso. Y el hecho de traer bondad amorosa y compasión a cada momento de atención te va a permitir no ser tan crítica contigo misma y aceptar que a veces vas a equivocarte o vas a actuar de forma que no estarás orgullosa, como descubrirás en el camino al alma a través de las prácticas de compasión. En la medida en la que una se coloca en este lugar de apertura y de aceptación a lo que hay, vas a permitir que tus hijos/as aprendan a hacerlo de este modo. La autorregulación como madre será un apoyo para la autorregulación de las criaturas.

Cuando te sientes mal, no basta con relajarse, con disminuir la ansiedad o el miedo, necesitas sentirte segura, amada, contenida, acariciada. El sistema filiativo de cuidado y seguridad que reside en el neocórtex se desarrollará desde el nacimiento y a lo largo de la crianza gracias a un vínculo seguro con figuras de apego a través del contacto tranquilizador como el contacto piel con piel tras el parto, la lactancia, las caricias, los abrazos, las miradas y el lenguaje amable y amoroso. Esto facilita la secreción de oxitocina y endorfinas.

Tu cerebro entiende, igual que el de tu criatura, que gracias al contacto y el lenguaje amable puedes sentirte segura, amada, contenida. Con estas prácticas harás de figura materna para ti misma.

Como has podido comprobar, se ha incluido el contacto tranquilizador en muchas de las prácticas anteriores, simplemente colocar tus manos sobre tu corazón y sentir la calidez de tus manos. Es posible que al principio te sientas incómoda o avergonzada, pero tu cuerpo no lo sabe, tu sistema nervioso responde al gesto físico de calidez y cuidado, del mismo modo que un bebé responde cuando está siendo abrazado por los brazos de su madre. Nuestra piel es un órgano increíblemente sensitivo. La investigación ha puesto de manifiesto que el contacto físico libera oxitocina y endorfinas, proporciona un sentido de seguridad, apacigua las emociones y tranquiliza el estrés cardiovascular.

Cuando te des cuenta de que estás en un momento difícil, como práctica informal puedes incorporar el poner la mano o las manos sobre tu corazón y llevar tu atención a este contacto cálido y amoroso.

Cada vez que observes que estás estresada, para, respira lenta y profundamente dos o tres veces. Suavemente, pon la mano sobre tu corazón, sintiendo la ligera y cálida presión de tu mano. Si lo deseas, puedes explorar y colocar ambas manos sobre tu pecho observando la diferencia entre poner una o las dos manos. Siente el contacto de tus manos sobre tu corazón. Si lo deseas, también puedes dibujar pequeños círculos con la mano sobre tu pecho. Puedes llevar la atención a la elevación y el descenso natural de tu pecho cuando inspiras y cuando espiras.

Permanece con esta sensación tanto tiempo como desees. Algunas personas sienten incomodidad al poner la mano sobre el pecho, en este caso, puedes buscar otro lugar de tu cuerpo donde sientas que el contacto en estos momentos es tranquilizador, algunas opciones son:

Poner una mano sobre la mejilla.

Acariciar la cara con ambas manos.

Acariciar suavemente los brazos.

Cruzar los brazos y darte un abrazo amable.

Frotar suavemente el pecho o dibujar movimientos circulares.

Poner una mano sobre el abdomen.

Poner una mano sobre el abdomen y otra sobre el corazón.

Ahuecar una mano sobre la otra sobre el regazo.

Espero que comiences a desarrollar el hábito de darte consuelo físico cuando lo necesites y que puedas aprovechar al máximo este modo sorprendentemente sencillo de ser amable y amorosa contigo misma.

Práctica informal

Mira a ver si puedes permanecer con atención a los momentos de tu día en los que puedas sentirte nerviosa, agitada, tensa. Cuando te des cuenta, para, acoge esas sensaciones en tu cuerpo, respira y aplícale contacto amoroso. ¡Ya sabes cómo!

Las dos siguientes prácticas son dos potentes recursos para utilizar en situaciones difíciles que como madre puedes atravesar. La primera es para cuando tu hijo/a sufre y la segunda para cuando se produce una situación difícil con tu hijo/a. Te invito a parar, sentarte y entrar en ese tesoro de amor incondicional y expansivo que habita en tus entrañas.

Amor incondicional para cuando tu hijo/a sufre

Preparación previa

Deja que tu cuerpo se acomode en una postura estable, sólida; cierra suavemente los ojos, puedes hacer unas respiraciones profundas para dejar que tu cuerpo se asiente sobre la superficie que te acoge. Lleva la atención a la respiración permitiéndote sentir la inspiración y la espiración observando cómo la respiración nutre tu cuerpo al inspirar y cómo tu cuerpo se calma al espirar, alargando si necesitas de manera cómoda tu espiración, dejándote ir con ella, aflojándote con ella y poco a poco permitiendo que tu respiración encuentre su ritmo natural y se vaya acomodando por sí misma. Continúa un tiempo sintiendo la sensación de la inspiración y de la espiración.

Te invito a colocar tus manos en la zona del corazón y llevar ahora esta atención a ese contacto cálido, tranquilizador de tus manos, vete llevando poco a poco la respiración a la zona de tus pechos y ve sintiendo tu corazón y el suave movimiento de ascenso y descenso de la respiración en tu pecho.

Ve al centro de tu corazón, asiéntate ahí como si estuvieras en un lugar sagrado aprendiendo poco a poco, familiarizándote con ese lugar que está en el interior de ti misma, aprendiendo a reconocerlo, y con cada inspiración llénate de calidez, enfocándote en la inspiración y dejándote disfrutar por esa calidez.

Inspiras notando cómo el cuerpo se abre al inspirar y cómo recibes ese aire que te nutre, respiración a respiración, y con cada inspiración inspira algo bueno para ti, algo cálido, algo amoroso, algo que necesites llenándote de luz... Inspirando calidez, amabilidad desde el fondo de tu corazón, permitiéndote disfrutar de la sensación de la inspiración y nutriendo cada célula de tu cuerpo, si lo descas puedes utilizar una palabra con cada inspiración, tal vez alivio, compasión, amabilidad, fluidez, paz, calma, claridad; dándote a ti misma lo que necesitas en este momento, abriéndote a acceder a aquello que necesitas, respirando para ti misma.

A continuación puedes traer a tu mente a tu hijo/a, ya que te gustaría enviarle apoyo, calidez, cariño, bondad; tal vez ahora mismo está sufriendo o ha pasado por alguna situación difícil. Tómate unos instantes para visualizarlo/a con claridad, contacta también con su situación en particular, con lo que está atravesando, con los impedimentos que tiene en este momento en su vida… Trata de abrirte al sufrimiento de tu hijo/a, lleva de nuevo la atención ahora a tu corazón y poco a poco observa de nuevo tu respiración. Vas a ofrecer ahora a tu hijo/a con tu espiración toda esa calidez, toda esa ternura con tu aliento, le diriges tu espiración, con cada espiración bañas a tu hijo/a de tu compasión, de tu afecto, de tu ternura y comprensión.

Tal vez pueda surgir internamente alguna expresión como «te quiero» o simplemente «estoy contigo», deja que la espiración sea el canal de tu amor incondicional y permanece bañando a tu hijo/a con lo más puro y mejor que hay en ti y que tienes para él o ella y de lo que sientes y necesita recibir. Si lo deseas, puedes añadir una palabra o una imagen con cada espiración, quizá aquello que necesita en este momento, como calma o alivio.

Siente ahora la inspiración y la espiración, inspira lo que necesites para ti y espira para tu hijo/a, con cada inspiración trae amor o lo que necesites para ti y con cada espiración envía amor o lo que necesite con una palabra para tu hijo/a. Inspirando una para mí, espirando otra para ti.

Entrando en un círculo continuo de amor al inspirar y al espirar, dándote permiso para ser parte de ese flujo de amor ilimitado. Y si la atención se va, devuélvela de nuevo al inspirar para ti y al espirar para tu hijo/a, permitiendo que tu respiración fluya hacia adentro y hacia afuera. Como el movimiento del mar, la respiración entra y sale nutriéndote con la inspiración y enviando con la espiración.

Si observas que tú necesitas más calidez, más calma, más apertura, puedes centrarte más en ti, más en tu inspiración. Si sientes que tu hijo necesita más calidez, puedes enfocarte más en la espiración hacia tu hijo/a.

O simplemente dejarla ir y venir, dejarte respirar por el amor incondicional hacia dentro para ti, hacia fuera para tu hijo/a, dejando que este amor ilimitado incondicional fluya hacia adentro y hacia afuera, como el movimiento del mar respirando un océano de amor incondicional a tu alrededor y dentro de ti, sin límites, dejándote ser parte de ese flujo amoroso que te atraviesa.

Suelta todo cuando estés preparada y quédate reposando en tu cuerpo con las manos colocadas sobre tu corazón. Recuerda que la fuente de amor incondicional está intacta en ti, permite que sea tu hogar, tu casa, nutrida, cuidada, rodeada de amor, para poder nutrir, para poder cuidar, para poder amar.

«Se más suave contigo.
Eres algo que respira,
un recuerdo para alguien,
un hogar para la vida».

NAYYIRAH WAHEED

Momentos de dificultad con mis hijo/as

Práctica formal. Audio

Colócate en una posición cómoda, te propongo que poco a poco, si es adecuado para ti, vayas cerrando los ojos.

En este momento la propuesta es parar intencionadamente. Parar no quiere decir que elimines la experiencia que hay en este momento, sino todo lo contrario, que simplemente vayas llevando la atención a este momento para entrar en contacto con la experiencia que ya está aquí y ahora. Puede ser que haya pensamientos, emociones, sensaciones, sonidos. Dejan que la atención, de un modo amable y sin juzgar, pueda iluminar estos fenómenos, y desde aquí ve dejando que la atención vaya posándose en la respiración, pero no cierres el foco de la atención en la respiración, sino que el foco de tu atención debe permanecer abierto, acogiendo la experiencia de este momento y al mismo tiempo quedando anclada al flujo de la respiración. Sosteniéndote. Haciendo presente también tu necesidad en este momento, es decir, escuchándote y tomando conciencia de tu estado en este momento y aceptándolo tal y como es sin poner ni quitar nada a la experiencia, más bien abrazándola.

Cuando sientas que hay una mayor estabilidad, una mayor presencia, deja que venga a tu mente la imagen de tu hijo/a, y al traer esta imagen tal vez te des cuenta de lo que se despierta en tu cuerpo, permitiéndote abrirte a esta experiencia de pensamiento o sensaciones y emociones.

Permítete ahora traer una situación reciente, importante para ti, en la que haya habido algún conflicto con tu hijo/a, permítete recordar esta situación con todo lujo de detalles dejándote influir por ella, observando qué se produce en tu mente, en tu cuerpo –quizá en el área del pecho–, dándote cuenta de todas las experiencias, y observa si puedes hacer espacio para ello, hacer espacio para las emociones que hayan emergido para los pensamientos, para las sensaciones en tu cuerpo, permítete poder escucharlas, abrazarlas. A medida que vayas adquiriendo mayor presencia, quizá puedas abrirte a la presencia de tu hijo/a y puedas verlo/a en esta situación conflictiva, quizá puedas detectar qué necesita, sin perderte tú en ese camino, es decir, teniendo presente tu propio ser. Quizás sea algo que se pueda resolver rápido con una acción, o con el mero acompañamiento, o quizá no, tal vez sea algo con lo que simplemente tengas que estar, que no requiera una solución rápida. Desde ese lugar de presencia en el que te encuentras, detectas qué sería lo mejor para ti y para tu hijo/a.

Permite que la atención vuelva a la respiración, y si sientes que hay alteración o agitación, deja que la atención vaya a la planta de tus pies apoyados en el suelo, arraigados, tocando tierra, tocando el centro.

«La Serenidad está dentro. Eso eres tú.
La Verdad está dentro. Eso eres tú.
La Belleza está dentro. Eso eres tú.
El Amor está dentro. Eso eres tú».

PAPAJI

Comentarios posteriores

Muchas veces nos gustaría que las cosas no fueran como son, e incluso que nuestros/as hijos/as en algunas ocasiones fueran como nosotras queremos, sobre todo en situaciones que no se pueden cambiar, y tenemos una esperanza recurrente. El hecho de ser capaz de aceptar la situación que es, es decir, asentarte en la situación tal y como es, te va a permitir acercarte y no estar siempre enganchada en ese proceso, en ese bucle. Te va a permitir apreciar los rasgos que tiene tu criatura, sus atributos, reducir los prejuicios, reducir las expectativas que no sean realistas y te permitirá sentirte mejor contigo misma.

EL AGUA: EL CAMINO A MI ALMA

«Te tendrás a ti misma para toda la vida».

Por el sendero en dirección al oeste llegarás a tu alma. Transitarás tres prácticas con las que te adentrarás en el mundo de la autocompasión, y rodeada de un entorno acuoso, te sumergirás en las profundidades de ti misma donde todo es calma.

La puerta al alma de las madres se abre a través de la llave de la ternura, a través del autocuidado, en muchas ocasiones dejado de lado por la vorágine vital en la que habitamos. En una época tan vulnerable para la mujer como es la maternidad, se hace absolutamente necesario aprender herramientas que nos permitan atendernos a nosotras mismas de una manera amorosa y eficaz.

No se nos enseñan formas eficaces para tratar nuestros estados y formas de sufrimiento, la tendencia general es rechazar, negar o suprimir el sufrimiento, es decir, obtener una «analgesia inmediata». El abordaje que te propongo como madre está basado en la evidencia científica para afrontar el sufrimiento de una forma sana y adecuada.

Se basa en primer lugar en cuidarse y tratarse de la manera más amorosa y delicada posible, justamente porque sufrimos y porque este sufrimiento forma parte de la experiencia vital humana que todas las madres compartimos, y en segundo lugar en acoger con amor incondicional el dolor y el sufrimiento que acompaña nuestras situaciones vitales.

Como madre, mujer y humana vas a cometer un montón de errores. Es una gran oportunidad sembrar en nosotras mismas en estos momentos de emociones y pensamientos contractivos y disparadores de estrés, semillas de amor y compasión, en vez de autogenerar pensamientos en bucle de culpa, tristeza, ira...

La autocompasión va más allá de sentir empatía y preocupación por los demás, te permite acoger amorosamente y con fortaleza tu experiencia sea la que sea, incluso cuando te sientes inadecuada, triste, pequeña, asustada, preocupada, nerviosa; sujetándote a ti misma con el mismo amor y cuidado infinito que tendrías hacia tu bebé recién nacido.

Es un viaje de apertura, de ser consciente de lo que estás sintiendo y pensando y también de darte cuenta de lo que necesitas, de aceptar lo que sea que haya y de permitírtelo. Esto supone un aprendizaje lento y sin forzar, por eso las prácticas que realizarás son dulces, cómodas, fluidas y llevaderas para poder abrirte a lo que sea que haya en tus entrañas, tu amor incondicional recogerá el sufrimiento.

La autocompasión para cuando sufres

Preparación previa a la práctica

la práctica de autocompasión para la madre que sufre es un simple y poderoso antídoto para aliviar nuestra tendencia a la perfección como madre. La autocompasión no depende de nuestros logros, por el contrario, nos la ofrecemos cuando estamos sufriendo.

A menudo, cuando atravesamos una situación difícil y sufrimos, nos juzgamos duramente a nosotras mismas y nos culpabilizamos. La práctica de autocompasión nos recuerda que todos los seres humanos sufren en algún momento, que todas las madres atravesamos momentos difíciles como tú. Nos permite entender que no somos perfectas, que somos humanas. Sabemos que en muchas ocasiones somos mucho más amorosas y compasivas con los demás que con nosotras mismas.

Cuando somos compasivas con nosotras mismas en vez de atender a la parte que juzga o culpabiliza, nos dirigimos a la parte de nosotras qué está sufriendo, reconfortándonos a nosotras mismas en nuestros momentos de dolor, de la misma manera que lo haríamos con alguien a quien amamos profundamente. Esto nos conecta con una profunda aceptación de nuestro dolor y de nuestra naturaleza humana e imperfecta. La compasión a una misma no significa que estés justificando lo que ocurre, sencillamente es darte cuenta de tu dolor, de tu propio sufrimiento y hacerte cargo con amor de ello. Eso es ser compasiva contigo misma en este momento de sufrimiento, en vez de unirte a la crítica a ti misma o a la conmiseración.

Práctica formal. Audio

«Cuando todo es dolor, conviértelo en amor y espárcelo a donde quiera que vayas».

Autor/a desconocido/a

Comienza a percibir cómo el aire entra y cómo sale de tu cuerpo. Como se eleva y cómo desciende tu pecho con cada respiración, puedes llevar las manos a la zona del corazón y apoyarlas suavemente sobre el pecho percibiendo con claridad la zona cardíaca. Tómate unos instantes para estar presente de esta forma con el suave oleaje de la respiración y el contacto cálido de tus manos en el pecho.

Trae ahora a tu mente una situación que te haya hecho sentir mal, tal vez el cansancio que arrastras hoy, el estrés de la semana, que puede ser de hoy, de ayer, de hace tiempo. Recrea esa situación de incomodidad, visualiza ese momento de la forma más vívida posible hasta que sientas algo de tensión emocional o de incomodidad física. Busca algún punto de malestar en tu cuerpo al recrear la situación, observa si alguna parte de tu cuerpo se tensa, los hombros, la mandíbula, los ojos, la frente, el estómago, alguna parte de la espalda tal vez... Localizada esa tensión, esa emoción dolorosa, presta atención, ábrete totalmente a percibir ese malestar en este momento, es probable que cobre mayor intensidad, está bien, no te preocupes, vamos a recibirlo con autocompasión, puedes decirte «Me abro a recibir esta emoción en este momento, noto tensión en esta parte de mi cuerpo y soy consciente de esta emoción aquí y ahora».

Ahora repite para ti lo siguiente en un tono afectuoso y amable: «Éste es un momento de sufrimiento, de tensión, de malestar, esto duele». Observa lo que ocurre al decirte esta frase y repítela unas cuantas veces. «Éste es un momento de sufrimiento, esto duele. Éste es un momento de sufrimiento, esto duele» pase lo que pase, está bien. Y si hay distracciones, vuelve a localizar la tensión y la emoción dolorosa y de nuevo di: «Esto duele, el sufrimiento es parte de la vida humana, todas las madres sufrimos, no sólo yo; seguramente en algún lugar hay otra madre que está sufriendo como yo, alguien sufre igual que yo, alguien tiene la misma sensación que yo». No estás sola con tu sufrimiento.

Ahora, puesto que estás en un momento de tensión y de malestar, te vas a dar cariño, ternura, de manera que vuelves a colocar las manos sobre el corazón con mucha suavidad y delicadeza.

Sientes el calor de tus manos, su amable presión sobre el pecho, haces este gesto como si estuvieras consolando al ser que más amas; respira profundamente, nota como el pecho se mueve rítmicamente, y a medida que se abre en ti esa dulzura y esa ternura, repite para ti con amabilidad, despacio, lentamente y sintiendo las palabras:

Que yo sea bondadosa conmigo misma.

Que yo me acepte tal y como soy.

Que me sienta segura, fuerte y en paz.

Que yo tenga salud de cuerpo y mente.

Que yo aprenda a vivir con fluidez y bienestar.

Al decir las frases, nota el calor, la presión de tus manos apoyadas suavemente en el corazón. Piensa que, como tú, todas las madres, mujeres y seres humanos aspiran a ser felices y estar libres de sufrimiento.

Vuelve a decirte las frases con la misma suavidad, con el mismo tono de voz y con la misma actitud cariñosa con la que se lo dirías alguien muy cercano que estuviera sufriendo.

Que yo sea bondadosa conmigo misma.

Que yo me acepte tal y como soy.

Que me sienta segura, fuerte y en paz.

Que yo tenga salud de cuerpo y mente.

Que yo aprenda a vivir con fluidez y bienestar.

Es posible que la circunstancia que produce tu sufrimiento no dependa de ti, y que sobre ella no tengas ningún tipo de control, también para este tipo de sufrimiento te vas a dar amor y compasión diciéndote a ti misma estas frases:

Que yo sea bondadosa conmigo misma.

Que yo me acepte tal y como soy.

Que me sienta segura, fuerte y en paz.

Que yo tenga salud de cuerpo y mente.

Que yo aprenda a vivir con fluidez y bienestar.

Nota las manos sobre tu corazón y nota si puedes sentir sensaciones de compasión hacia ti misma, observa si puedes notar el amor que te diriges.

Trata ahora de abrazarte a ti misma, tómate el tiempo que necesites. Abrázate, porque estás en un momento de tensión, de tristeza, de amargura, de sufrimiento, y abrázate de corazón como abrazas a tus seres amados cuando lo están pasando mal.

Siente el calor de tus manos abrazándote, es posible que puedas sentirte incómoda o confusa al principio, pero vas a ir viendo como tu cuerpo responde al gesto manifiesto de cariño y atención al igual que un bebé responde a las caricias en los brazos de su madre. Deja que el cerebro haga lo que sabe y reconozca el poder calmante y el tacto del abrazo. Quédate simplemente en calma y descansa en esta experiencia tal y como es, observando el impacto de esta práctica.

Suelta ahora todo esfuerzo y lleva de nuevo las manos al corazón notando cómo late. Observa cómo van cambiando las sensaciones, quizá sientas tu cuerpo más cálido… Más tranquilo… Más relajado…

Date cuenta de que en cualquier momento puedes ser un soporte emocional para ti misma, que eres esa persona que te va acompañar toda la vida.

Este cuidarte, este quererte, continúa, se trata de tener esta actitud en la vida cotidiana, que en tu día a día ésta sea la forma de relacionarte contigo. Tienes esa reserva de amor y cariño para ti siempre que sea necesario, toma conciencia de esto. Asúmelo.

Suelta ahora todo esfuerzo. Quédate reposando simplemente en tu respiración.

Estás por fin contigo misma.

«Cada mujer es una criatura cíclica, que danza y se mueve en espiral con el flujo y reflujo de las muchas transformaciones de la psique femenina. Cuando su vida se vuelve lineal en lugar de cíclica, racional en lugar de intuitiva, impetuosa en lugar de poderosa, agota su abundante reserva de energía pensando demasiado, estresándose, planificando, preocupándose. Necesita descansar. Necesita fusionarse con la belleza restauradora, el poder de curación y sustento de la madre naturaleza y su propia naturaleza interior.

Uno de los momentos más preciados para una mujer que se recupera del agotamiento es cuando empieza a honrar su esencia femenina, a prestar atención a los sabios mensajes de su cuerpo y a conectar con su fuente infinita de quietud y de paz».

ROSLYNE SOPHIA BREILLAT

Comentarios posteriores

La compasión es la profunda conciencia del sufrimiento de una misma y de otros seres vivientes junto con el deseo y el esfuerzo de aliviarlo. La compasión es una apertura, una espaciosidad hacia nuestro sufrimiento y el de los demás, es diferente a la piedad o la lástima que crean una barrera entre ellos y nosotros. La compasión experimenta el sufrimiento de los otros como un reflejo de nuestro propio sufrimiento, una especie de sufrimiento compartido. «Te comprendo porque yo también sufro o he sufrido»; esto no es lo mismo que decir piadosamente: «Pobrecita, cuánto sufre». La compasión es el deseo de aliviar el sufrimiento, para muchas de nosotras sentir compasión hacia otros/as es algo natural. Cuando notamos que alguien amado/a lo está pasando mal, naturalmente queremos ayudarle a aliviar su dolor o sufrimiento. Exactamente igual que consolamos a nuestros bebés, a nuestros/as hijos/as podemos acompañarnos, sostenernos, consolarnos a nosotras mismas en tiempos dificultosos y cuando sentimos emociones constrictivas.

A menudo nos tratamos a nosotras mismas con mucha menos compasión cuando estamos sufriendo. Nos juzgamos duramente cuando sentimos que cometemos un error, hasta nos insultamos a nosotras mismas cuando algo va mal en nuestra vida, incluso nos consideramos malas madres cuando nos encontramos reaccionando de manera impaciente ante nuestros/as hijos/as o cometiendo inevitables errores como madres. De hecho, es en estos momentos cuando más necesitamos autocompasión. Las prácticas de autocompasión, significan darnos a nosotras mismas todo el cariño y bondad amorosa cuando estamos sufriendo, especialmente cuando sentimos que lo hacemos mal o cuando nos echamos la culpa, de la misma manera que lo haríamos con alguien muy querido.

La práctica, como puedes observar, tiene tres partes: la primera, en la que te das cuenta de que estás sufriendo; la segunda, en la que eres consciente de que muchas madres como tú también sufren; y la tercera, en la que a través del contacto tranquilizador y de la bondad amorosa te cuidas y te sostienes a ti misma.

El océano en la maternidad

La meditación nos permite encontrar ese espacio en nosotras que siempre descansa, como el fondo del océano mientras las olas discurren en su superficie, ese lugar de descanso está siempre ahí. Ese lugar contempla la vida tal y como va sucediendo. La mayor parte de las veces vivimos desconectadas de él, nos quedamos enredadas en las corrientes y perdemos la consciencia de esa profundidad y quietud interior. El cansancio nos acompaña a menudo en nuestra vida como madres, vivir acompañadas de descanso da otra perspectiva a nuestras vivencias.

Práctica formal. Audio

Empieza colocando suavemente tu cuerpo en una posición que te permita mantenerte alerta, cómoda y estable, tal vez sentada en una silla, con la columna erguida pero no rígida y los pies apoyados en el suelo.

Cierra suavemente los ojos y posa suavemente la atención en tu respiración, permite que sea tal y como es, sólo obsérvala, date cuenta de las sensaciones en tu cuerpo cuando el aire entra y cuando el aire sale.

La respiración es como las olas del océano, al inspirar el agua se repliega y la ola se forma, y al espirar la ola avanza y se desliza por la orilla, tal vez tu respiración ahora pueda ponerse de acuerdo con las olas del océano. Tu respiración acompasada con la respiración de las olas te permite dejarte llevar por la respiración como alguien que se deja llevar por las olas en su movimiento, soy inspirada, soy espirada.

Presta atención al momento en el que una ola descarga en la orilla y hay un silencio, igual que en tu respiración al final de la espiración.

Aunque haya olas en la superficie, el fondo del océano sigue estando tranquilo. Las emociones vienen y van, nos llenan de espuma igual que los pensamientos o las sensaciones físicas, pero en el fondo de tu ser hay inmovilidad, hay silencio, el fondo de tu ser permanece inmóvil.

Echa raíces en el fondo del océano.

Ábrete a lo que está ahí al final de tu espiración y lo que está en el origen de tu inspiración.

Escucha atentamente tu respiración en el fondo del océano.

Escucha el silencio profundo, entre el flujo y reflujo de las olas.

La gota de agua conserva su identidad y, sin embargo, es una con el océano.

Te invito a colocar tus manos con suavidad en la zona de tu corazón sintiendo la calidez de ese contacto, inspirando esa calidez y esa quietud profunda que eres, permitiéndote sentir.

Poco a poco, haz una respiración profunda de manera que percibas el espacio que ocupa tu cuerpo y otra más para ir abriendo los ojos y seguir conectada con esa quietud que eres.

«En el fondo del océano no hay olas. Igualmente os daréis cuenta de que la mente se calma automáticamente cuando nos sumergimos en las profundidades. Ahí sólo hay bienaventuranza».

AMMA

Las emociones difíciles. Ablanda, calma, permite

Preparación previa

Puedes realizar esta práctica sentada o acostada, necesitarás evocar una situación difícil, que te remueva. Trabajarás cuidando amorosamente tus emociones y las sensaciones desagradables en tu cuerpo.

Darte cuenta del estado anímico en el que te encuentras, acoger las emociones sean las que sean, darles espacio y cuidarlas te permitirá regularte mejor y responder a las circunstancias que te viven.

Responder en lugar de reaccionar, en la medida en la que te das cuenta de estar triste o enfadada, te va a permitir regularte en tus respuestas. Si estás muy enfadada y cansada, tal vez seas capaz de darte cuenta de que tu estado emocional es ése, y en vez de reaccionar gritando a alguien cercano como tu hijo/a por poner un ejemplo, podrás gestionarlo contigo misma sin ponerlo fuera. Y desde ese lugar, en vez de dejarte llevar por cómo te sientes por dentro, puedes regularte a ti misma y ser capaz así de abrirte mejor al estado del otro, sin dejarte arrastrar por la emoción. Paro, identifico como me siento, lo acojo, me calmo, me cuido… Luego respondo.

Práctica formal. Audio

Adopta una postura cómoda, equilibrada, estable y toma conciencia de tu respiración, observa atentamente como el aire entra y sale de tu cuerpo.

Coloca las manos sobre tu corazón para recordarte que estás contigo y que eres digna de amabilidad, de calidez, de cariño.

Date permiso ahora para recordar una situación de suave a moderadamente difícil que estés atravesando o que hayas atravesado, tal vez un problema de estrés, una situación complicada en una relación, un tema laboral… Y a medida que recibes esta situación difícil, identifica qué emociones aparecen en ti, hay enfado, tristeza, miedo, culpa, desesperanza… Quédate sólo con la sensación de la emoción sin entrar en ningún relato, en ningún pensamiento, y ahora observa rememorando la situación si puedes poner nombre a la emoción más fuerte y repite el nombre de la emoción para ti misma con una voz suave tierna y comprensiva, como si estuvieras validando lo que estuviera sintiendo alguien amado; esto es miedo, esto es tristeza, esto es culpa, esto es enfado, esto es decepción. Sigue explorando lenta y profundamente y nombra con una voz tierna y amable lo que es.

Ahora lleva la atención a tu cuerpo expandiendo la conciencia por tu cuerpo como un todo mientras evocas la emoción. Explora con atención tu cuerpo para localizar dónde la sientes más. Recorre tu cuerpo mentalmente de los pies a la cabeza parando y observando atentamente dónde puedas sentir tensión, malestar, vacío, un nudo, un pinchazo, hormigueo, cansancio. Elige un lugar en tu cuerpo donde la energía se exprese con más fuerza, tal vez un punto con mayor sensación muscular o una sensación de dolor, y permite que tu mente se dirija naturalmente a ese lugar mientras continúas respirando naturalmente, permitiendo que esa sensación sea ahí tal y como está, tal y como se manifiesta, permite que el movimiento suave y rítmico de la respiración calme tu cuerpo mientras sientes plenamente la emoción.

Permite que ese lugar de tu cuerpo se vaya ablandando. Cuando aplicamos calor a un músculo dolorido, la sensación es que el músculo se relaja suavemente y se ablanda, puedes imaginar que sientes calor y bienestar en esa zona y puedes decirte internamente con una voz amable: «Ablanda, ablanda, ablanda».

Recuerda que no estás tratando de hacer que la sensación desaparezca, tan sólo se trata de estar con ella con una conciencia amorosa, se trata de acoger la sensación y la emoción y, de una forma tierna, darle más espacio.

Puedes dirigir bondad, tranquilidad a esa parte de tu cuerpo que está bajo tensión, incluso puedes colocar tu mano en ese lugar de tu cuerpo si lo deseas o en tu corazón. Y lleva bondad a ese lugar con el calor y el suave toque de tu mano, tal vez imaginando que es a través de tu mano hacia tu cuerpo, tal vez incluso pensando en tu cuerpo como si fuera el de un niño o una niña amado/a. Ahora te puedes decir con una voz dulce y tierna «Tranquila, calma; tranquila, calma», y a la vez que haces esto, permites que la incomodidad que sientes esté ahí donde está, haciendo espacio a esa sensación, y abandonando el deseo de que desaparezca esa emoción difícil diciéndote internamente con una voz amable «Permito, permito, permito». tómate tu tiempo para hacer los tres pasos a tu ritmo, según precises.

Ablanda, ablanda, ablanda.

Calma, calma, calma.

Permito, permito, permito.

Quizá hayas notado que la sensación se ha ablandado o haya cambiado algo, tal vez a lo mejor ha cambiado de ubicación en tu cuerpo. Cualquier modificación está bien, también si no se ha modificado nada, lo importante es que has estado con ella, la has tocado, has creado un espacio para ella… Quédate con esto, con ese coraje, con esa valentía de poder estar con esa sensación y con esa emoción. Haya pasado lo que haya pasado, está bien.

Ahora puedes colocarte una mano en el pecho o las dos conectando con tu corazón sintiendo de nuevo esa calidez, esa respiración amorosa, permitiéndote sentir lo que estás sintiendo y siendo exactamente tal y como eres en este instante.

«Con las nubes se aprende el desapego, que nada dura para siempre, que todo es un ciclo, que todo pasa que todo cambia.

Las nubes son como las personas, a veces van en grupo o a veces aisladas, unas lentas, otras rápidas, unas son blancas y otras dan miedo de lo oscuras que son, y cuando se estancan crean lluvias torrenciales que a veces matan… Pero todas pasan, ninguna se queda y algunas se desvanecen tan rápido que no te das cuenta».

Autor/a desconocido/a.

Comentarios posteriores

Te invito ahora, después de estas prácticas, a escuchar con atención plena un cuento trasformador, es muy antiguo, procede de tierras del norte de Europa, lo leí por primera vez en el libro de Clarissa Pinkola Estés «Mujeres que corren con los lobos» y es auténtica medicina de agua.

LOS TRES CABELLOS DE ORO

«Érase una vez …una noche oscura y tenebrosa, los árboles se movían agitados por una gran tormenta, los animales nocturnos se escondían en sus guaridas.

Un anciano solitario y desgastado avanzaba en la noche… portaba un farolillo y la vela de su interior iba apagándose poco a poco. Las ramas de los árboles golpeaban su cuerpo y el terrible viento, dificultaba aún más su débil caminar. Los relámpagos luminosos y los truenos lo acechaban y el anciano débil y sin fuerzas continuaba.

Avanzaba curvado por sus dolores y la lluvia, empapaba su enjuto y desgastado cuerpo.

Justo en el centro de la oscuridad, a lo lejos… vio una luz, una luz tenue casi imperceptible. La luz venía de un fuego, de un hogar, de un lugar de cobijo y descanso.

El anciano avanzó con sus últimas fuerzas, sujetándose a los troncos de los árboles y extenuado… llegó a la puerta de la casa; la vela de su farolillo se apagó, la puerta se abrió y el anciano derrengado… se desplomó en el suelo.

Dentro, había una anciana sabia sentada delante de una deslumbrante chimenea encendida. La mujer lo recogió del suelo y volvió a sentarse delante del fuego con el anciano, que era un saco de huesos, entre sus brazos.

Lo acunó en su mecedora, acarició sus cabellos y lo sostuvo como una madre sostiene a sus hijos diciéndole bajito: "Caaalma, caaaalma, bueeeeno, bueeeeno" y así, pasó la noche, la anciana sabia y el anciano decrépito," Caaalma, caaalma, bueeeno, bueeeno".

Antes de la llegada del alba y con los primeros rayos de suave luz, brotaron nuevos cabellos en el cuerpo del anciano, ahora joven, sostenido aún por el regazo de la mujer que seguía meciendo y susurrando: "Caaalma, caaalma, bueeeno, bueeeno".

El canto de los pájaros trajo el amanecer, la tormenta había desaparecido y el cuerpo del joven dejó paso a una criatura de cabellos dorados que despertaba suavemente de su letargo.

El pequeño sonriente bajo del regazo despacio, la anciana se reclinó y rápidamente arrancó al niño tres cabellos y los arrojó al fuego.

El niño alegre corrió hacia la puerta, la abrió y pudo ver el hermoso cielo azul y el sol intenso; se giró un instante hacia la anciana y le dirigió una deslumbradora sonrisa, la anciana sabia asintió; el niño se dio la vuelta y radiante... subió al cielo».

La anciana que sabe eres tu, el anciano decrépito también forma parte de ti; es tu sufrimiento, ya sabes... tus emociones contractivas, tus pensamientos automáticos y tus relatos, tus sensaciones físicas desagradables, buscando desesperadamente un hogar donde ser aceptados, y sostenidos con atención plena y autocompasión.

Solemos evitar atender lo que nos incomoda, nuestros propios ancianos; permitirnos a nosotras mismas volver al hogar y acunar con aceptación lo que nos produce sufrimiento es absolutamente transformador; como el fuego al que arroja la que sabe los tres pelos que representan los pensamientos, las emociones y las sensaciones físicas desagradables. Deseo profundamente que este conocimiento tan poderoso salga del papel, entre a formar parte de ti y lo utilices.

Práctica informal

Para, mira al cielo.

Te propongo algo tan hermoso como detenerse y mirar el cielo. Sal a la calle o mira por la ventana y observa el cielo unos 15 minutos al menos, si no puedes por la razón que sea, imagínate unas nubes y visualiza que están cruzando el cielo. No importa si hace sol o si está nublado. Sólo observa, limítate a observar el cielo con atención plena, sin juzgar lo que aparezca.

EL FUEGO, EL SOL: EL CAMINO A TU VIDA

El último sendero en la dirección este te lleva a tu vida. El sol es fuego, es luz y calor, elemento indispensable para nuestra vida aquí en la tierra.

Caminando la vida que te vive desde el corazón que late, de la misma manera que el resto de las madres, desde ese lugar en el pecho que es sagrado, que puede aceptarlo todo, que puede abrazarlo todo, que puede sostenerlo todo de manera ligera, desde ese hogar cálido y espacioso dentro de nosotras donde somos y no estamos separadas. Aceptando las sombras de la vida como la tristeza, el duelo, la ira y también la luz; la alegría, el disfrute, la satisfacción…

«Cuando las puertas de la percepción se abren, todo se ve como realmente es: infinito».

WILLIAM BLAKE

A través de las dos últimas prácticas nucleares del camino del fuego, nos abrimos a la vida, aprendemos de la montaña la plena aceptación y cerramos la Rueda de Medicina de los cinco caminos con la práctica del limón, la naranja y el amor que todo lo abarca.

La montaña en la maternidad

Preparación previa
La práctica de la montaña es esencial en la maternidad, el fuego de la vida necesita una gran base de tierra fértil para mantenerse vivo. He acompañado a madres atravesando verdaderas dificultades con esta práctica, y tras vivenciar sus puerperios y primeros años de vida de sus hijos/as y crianzas afirman que miran hacia atrás y sienten la fuerza y el empoderamiento de una montaña después de haber transitado las numerosas vicisitudes de la vida como madre.

Práctica formal. Audio
Para hacer esta práctica puedes colocarte sentada en una posición cómoda con la espalda recta, los brazos a los lados y los ojos suavemente cerrados.

Empieza sintiendo el contacto de tus pies en el suelo y de todas las partes de tu cuerpo que descansan sobre la superficie que te sostiene, explora los puntos de contacto, la calidad de este contacto, la textura, observa cómo está el resto del cuerpo, las rodillas, la pelvis, la columna, las piernas, los brazos, tu cabeza.

Ahora te invito a imaginar una montaña, quizá una montaña que hayas visto en algún momento de tu vida, quizá una montaña que aparezca ante ti, deja que esa imagen consabida se vaya acercando hacia ti hasta que haya un momento en que tú y la montaña seáis una, formando una sola cosa con ella silenciosamente.

Tomando peso, llena de presencia, siendo la montaña.

Estás aquí con todo tu peso descendiendo, atraída por la suave fuerza de la gravedad inmóvil, como la montaña, plenamente viva.

Siente tu base firmemente asentada, fundida con las entrañas de la tierra, siente tu parte más elevada como la cima de la montaña elevándose hacia cielo que hay sobre ti.

Siente la poderosa sensación de la presencia de una montaña.

Respira profundamente desde el poderoso vientre de la montaña, fuerte, estable, perdurable, firmemente asentada con las plantas de los pies bien arraigadas sobre el suelo sintiendo que encarnas las cualidades de la montaña.

Ahora eres montaña. Observa.

Observa las laderas de la montaña y siente la sensación de ser inamovible, observa su imponente hermosura, su majestuosidad desde todas sus direcciones, las montañas tienen un tiempo distinto, otro ritmo. Estar sentada como una montaña es tener la eternidad rodeándote.

Quizá puedas observar nieve en la cumbre y árboles en las laderas, respira de nuevo profundamente desde el centro de tu montaña, observa cómo desde que el sol sale hasta que se pone, la luz va cambiando, momento a momento, la montaña permanece tranquila, perdurable, mientras se suceden días y noches, las estaciones fluyen…

También el clima cambia de un momento a otro: en verano no hay nieve y el calor amarillea sus prados, en otoño la montaña se cubre de colores ocres y la energía desciende hacia el centro, donde permanece en invierno cuando llega el frío y la nieve que dará paso con su deshielo a la primavera y sus flores. La montaña sabe acoger silenciosa y tranquila el clima que haya, puede verse rodeada de nieve, apedreada por el granizo, azotada por el viento, envuelta en nubes y lluvia o calentada por el cálido sol.

Al meditar como una montaña aprendemos a mirar sin juzgar como si diésemos a todo lo que existe en la montaña el derecho de existir.

La montaña permanece sólida, inmutable en quietud, sólo es, mientras todo cambia a su alrededor. Nuestros pensamientos, emociones y cuerpos físicos cambian continuamente; experimentamos luz, oscuridad, tormentas, sufrimiento, dolor, alegría… Como el clima y las estaciones en la montaña.

Respira desde el poderoso vientre de la montaña y siéntete arraigada, estable, perdurable, en paz, en quietud en tu propio silencio.

Disfruta y siente la experiencia de ser montaña, en quietud, arraigada, acompañando y aceptando todo lo que cambia en la montaña y en tu vida.

Cuando estés preparada, lleva de nuevo la atención a tu cuerpo, a los apoyos de tu cuerpo sobre la superficie que te sujeta amorosamente, haz una respiración profunda que te ayude a conectar con el lugar que habitas y otra respiración profunda para ir abriendo los ojos aun conectada con esa quietud y estabilidad.

«Los pájaros han desaparecido del cielo,
la última nube se ha desvanecido.
Estamos sentadas juntas la montaña y yo hasta que sólo queda la montaña».

Li Po

Comentarios posteriores

«Desde el valle vemos grandes las cosas,
desde la montaña las vemos pequeñas.
A lo que te hace sufrir en el valle,
míralo desde la montaña».

A. Jodorowski

La práctica de la montaña es un viaje, una indagación hacia una misma, las montañas son símbolo de estabilidad, de poder. Cuando los pensamientos y emociones son como un carrusel que van y vienen, tener esa estabilidad y acogerlo todo como hace la montaña puede ser una práctica muy adecuada cuando hay situaciones difíciles.

Las montañas han tenido un papel mítico en todas las culturas: el Tíbet, el monte del budismo; el monte Sinaí para el judaísmo; el Olimpo de los dioses griegos; la cordillera de los Andes; los Alpes, pero más allá de todos estos símbolos, lo importante es la montaña que tú eres. La montaña da cuenta de lo que son los pilares del mindfulness.

La montaña acoge todo lo que llega sin juicio, con aceptación y permanece estable.

La montaña es paciente, sabe que la primavera llega cuando tiene que llegar y que no puede hacer nada para adelantarla ni retrasarla, igual con las otras tres estaciones y con todos los fenómenos atmosféricos inherentes a cada estación del año, permitiendo que las cosas lleguen y se desplieguen en su justo momento.

La montaña no tiene pilotos automáticos, cada primavera, cada verano, lo observa como si fuera la primera vez, no elucubra sobre si el verano pasado pasó aquello y ahora tendría que pasar esto, es como un/a niño/a; la montaña ve a cada momento las cosas como nuevas, mente de principiante, todo se crea en el universo a cada instante, único e irrepetible.

La montaña permanece en el presente, no está esforzándose en expectativas sobre el pasado o el futuro, nos acerca a la eternidad.

Con la meditación de la montaña encontramos serenidad y fortaleza interior en los desconciertos que atravesamos como madres.

Práctica informal

Dedica un rato cada día a hacer algo que no requiera ningún esfuerzo mental ni sea necesario o práctico. Puede ser cualquier cosa, desde dibujar, pintar, tejer, bailar, hacer garabatos, no importa la actividad, lo importante es elegir de manera consciente, abandonarte en la atención plena y dejarte abrazar por esa actividad.

El limón y la naranja en la maternidad y en la vida

Preparación previa

Necesitarás para esta práctica un limón y una naranja.

Exprime con atención plena como ya sabes todo el zumo del limón en un vaso y haz lo mismo con la naranja en otro vaso.

Práctica formal. Audio

Cuando estés preparada, coge el vaso del zumo de limón entre tus manos. Date cuenta de su aroma en estos primeros instantes y simplemente disfruta…

Es probable que lleguen pensamientos, observa…

Poco a poco vas a acercar el vaso hacia tus labios y te vas a permitir tomar un trago muy lentamente.

Saborea con los ojos cerrados, date cuenta de la acidez, de las sensaciones del sabor ácido y agrio en ti, observa tus pensamientos, tal vez experimentes rechazo.

Quizá puedas detectar que en tu lengua se puede sentir el sabor ácido de forma especial hacia la parte del fondo y en los laterales

Observa sin juzgar, acoge…, permite que lo que es, sea.

Nuestra vida como madres tiene experiencias agrias y dolorosas, las saboreamos, dejamos que se disuelvan, que transiten, que se difundan, hasta que simplemente se disuelvan y puedan ser asimiladas.

Permitimos que vayan pasando a formar parte de nuestro bagaje, de nuestra sabiduría, así que… deja que simplemente se disuelva saboreando esta tonalidad de acidez, dejando que pase a formar parte de ti sin prisa, sin correr, despacio.

Cuando esta experiencia haya transitado, toma el vaso con el zumo de la naranja, acércalo muy despacio y disfruta del peculiar olor de la naranja exprimida; acogiendo todo lo que vaya llegando.

Poco a poco y muy despacio, toma un trago lentamente, saborea con los ojos cerrados. Me gustaría que exploraras la dulzura del zumo de naranja, pon especial atención a su dulzura.

En nuestra lengua se detecta fundamentalmente el dulzor en la zona de la punta.

Hasta la lengua es experta en esto de las experiencias agrias y las dulces.

En nuestra vida como madres también hay experiencias amables, placenteras, dulces, también las podemos saborear, dejar que transiten por nuestra vida y estar con ellas hasta que se disuelven totalmente y pasan a formar parte de nuestro bagaje y sabiduría de vida.

En realidad, las experiencias agrias y dolorosas y las experiencias dulces y luminosas no vienen aisladas, vienen de alguna manera mezcladas en un solo tejido, que es el tejido de nuestra vida.

Ahora vas a hacer algo más complicado y mágico como es experimentar los dos sabores a la vez; toma un trago del vaso con limón y a la vez toma otro trago del zumo de naranja y deja que se unan ambos en tu boca.

Ve experimentando, ve observando entre los dos, ácido o dulce, dulce y ácido, ácido-dulce, en realidad todo está ocurriendo a la vez; siempre a la vez.

Saborea la combinación del ácido y de lo dulce, descubrirás que es un solo sabor.

En realidad, la vida tiene un solo sabor, el sabor del amor.

Cuando vaya pasando este sabor a formar parte de ti, puedes llevar tus manos al corazón y conectar con lo que hay allí.

La vida es así, como esta experiencia del limón y la naranja, las madres somos así, conocemos la oscuridad porque conocemos la luz. Todas nosotras somos una mezcla de ácido y de dulce.

Ser autocompasiva significa abrazarlo todo, todas las partes de nosotras mismas, tanto las experiencias ácidas como las dulces.

Al abrazar las partes ácidas y dolorosas de nosotras mismas y de la vida, el dolor se convierte en una puerta a la felicidad, porque sentirse amada, sentirse cuidada y conectada en medio del sufrimiento nos hace estar verdaderamente vivas.

Cuando abrazamos las partes luminosas también crecemos en amor y felicidad. Es la mezcla de la luz y de la sombra lo que nos hace completas.

Descubrirás mediante la práctica que no hay dos sabores en la vida, ni siquiera oscuridad y luz, en realidad hay un solo sabor, una sola esencia, el sabor del AMOR.

LOS CINCO CAMINOS.
CERRANDO LA RUEDA DE MEDICINA

«Tú eres el río de Amor que nunca se seca.
Conocer ese río es mirar eternamente desde los ojos del
Corazón,
como los ojos del Corazón.
Esto es conocer la corriente Divina que es Yo,
que es la Madre, que eres Tú».

SARASWATHI MA

Los cuatro caminos y el centro establecen una Rueda de Medicina y llegan a lo sagrado en ti. Un círculo no tiene principio ni fin, igual que la meditación es una manifestación externa de nuestro interior, un camino circular. Si lo integras en ti, la vida tendrá otra textura, otro sabor, otro color, otro sonido, otra luz, otra mirada.

La práctica de la meditación te aportará muchos beneficios. Con la práctica, con paciencia, poco a poco, tu ser se abrirá a vivir con sentido, a vivir más relajada, a vivir más conectada y presente. Te permitirás cuidarte y amarte, y desde ahí podrás amar más a las personas que te rodean, serás más positiva, tus relaciones fluirán mejor, tu umbral de tolerancia aumentará y tu aceptación de lo que es, cómo es, te facilitará vivir sin luchas innecesarias que consuman tu vitalidad.

Si tú eres capaz de disfrutar, de ampliar tu mirada, de amarte y amar en plenitud, también serán capaces tus hijos/as. El mundo necesita seres amados, capaces de amarse y amar plenamente.

A menudo estamos tan ocupadas, haciendo lo que pensamos que se supone que debemos hacer, que nos olvidamos de preguntarnos a nosotras mismas, a nuestra respiración, a nuestro cuerpo, a nuestra mente, a nuestro corazón y a nuestra alma lo que realmente necesita y quiere hacer…

Así que… PARA Y ESCUCHA QUÉ NECESITAS AHORA Y ENTONCES VE A HONRARLO.

ME CUIDO, ME QUIERO, NOS QUIERO.

Que disfrutes tu hermoso viaje a través de la maternidad y lo hagas acompañada de herramientas que sanan es mi profundo deseo.

«La maternidad es un baile amoroso en el que todo está fuera de control, aprender a bailar pasa por soltarse a los brazos de la vida».

Andrea Cueva Alonso.

EPÍLOGO

Me crie muy cerca de la naturaleza; de la mano de mi madre aprendí sabiduría ancestral y visión profunda, supe de fortaleza y de capacidad de superación, supe de vida sana, de plantas medicinales, de autocuidado y supe de amor.

De la mano de mi padre supe de los vientos, del canto de los pájaros, de la visión elevada, de los árboles y de los montes, del mundo emocional de los animales y de la atenta y paciente mirada a la gran madre naturaleza, también supe de amor.

Luego crecí, estudié enfermería, la ciencia y el arte del cuidado y la sanación. Enamorada profundamente de mi profesión, entré en sus recovecos: me formé en los cuidados más vanguardistas y avanzados en distintas unidades de cuidados intensivos y urgencias, conocí la atención primaria en pueblos mineros asturianos, me empapé del cuidado en las plantas hospitalarias y también enseñé el arte del cuidar.

Cuando fui madre, llegó desde las entrañas, la sabiduría ancestral, la visión profunda, la fortaleza, la capacidad de superación y la necesidad de una vida sana. Llegaron los vientos, el canto de los pájaros, la visión elevada, los árboles y el monte, las emociones animales y la atenta y paciente mirada a mis criaturas.

Aquello que me fue dado en la infancia y que formaba parte de mí de manera natural, se manifestó de forma clara y determinante.

He practicado y estudiado meditación durante toda mi vida: primero de forma espontánea durante mi niñez y adolescencia, y más tarde la meditación tomó estructura y forma a través de su estudio y la continuidad de la práctica.

La maternidad, la lactancia y la meditación trajeron certezas.

Como enfermera e IBCLC (consultora internacional certificada en lactancia) he acompañado a muchísimas mujeres en sus metamorfosis hacia la maternidad a través de sus embarazos, puerperios y lactancias, integrando en mis cuidados de enfermería, entre otras cosas, herramientas de mindfulness.

Es un regalo de la vida poder dedicarme a lo que realmente me conmueve.

La meditación es un conocimiento transversal a la mayoría de las tradiciones religiosas, filosóficas y espirituales; siempre me han fascinado las corrientes que relacionan lo espiritual y la búsqueda de lo esencial con la naturaleza.

En este libro se crea un círculo de sanación para todas las madres. Se produce una fusión de la naturaleza a través de los cinco caminos y la maternidad, para obtener sanación y cuidado.

Hay una frase de E. E. Cummings que dice que la tierra sonríe a través de las flores. Las madres somos como las flores, creo sinceramente que cuando la tierra sonríe, de ella brotan madres.

BIBLIOGRAFÍA

BARDAKE, N.: *Mindful Birthing*. Harper-Collins, New York, 2012.

BOGELS, S. y RESTIFO, K.: *Mindful Parenting*. Desclée De Brouwer, New York, 2015.

BRANCH, T.: *Aceptación radical*. Gaia Ediciones, Madrid, 2003.

BURCH, V. e IRVIN C.: *Mindfulness para las mujeres*. Kairós, Barcelona, 2016.

BURCH, V. y PENMAN D.: *Tú no eres tu dolor*. Kairós, Barcelona, 2013.

CHÖDRÖN, P.: *Los lugares que te asustan*. Planeta, Barcelona, 2001.

D'ORS, P.: *Biografía del silencio*. Galaxia Gutenberg, Barcelona, 2020.

GERMER CH. K.: *El poder del mindfulness*. Paidós, Barcelona, 2015.

GIL, D.: *Del hacer al Ser*. Sirio, Málaga, 2017.

JALICS F.: *Ejercicios de contemplación*. Sígueme, Salamanca, 1998.

KABAT-ZINN, J.: *Mindfulness en la vida cotidiana*. Ediciones Paidós, Barcelona, 2009.

—: *Vivir con plenitud las crisis*. Kairós, Barcelona, 2016.

KABAT-ZINN, J. y KABAT-ZINN, M.: *Padres conscientes, hijos felices*. Editorial Faro, Madrid, 1997.

KHEMA A.: *Siendo nadie, yendo a ninguna parte*. Sincronía, Barcelona, 2018.

LE VAN QUYEN, M.: *Cerebro y silencio*. Plataforma, Barcelona, 2019.

MARTÍNEZ LOZANO, E.: *Crisis, crecimiento y despertar*. Desclée De Brouwer, Bilbao, 2013.

—: *Psicología transpersonal para la vida cotidiana*. Desclée De Brouwer, 2020.

MIRÓ, M. T. y SIMÓN, V.: *Mindfulness en la práctica clínica*. Desclée De Brouwer, Bilbao, 2015.

M. POLLAK, S. y PEDULLA, T.: *Sentarse juntos*. Desclée De Brouwer, Bilbao, 2015.

NEFF, K.: *Self-Compassión*. Harper-Collins, New York, 2015.

PINKOLA ESTÉS, C.: *Mujeres que corren con los lobos*. Ediciones B, Barcelona, 2004.

RUDELL BEACH, S.: *Mindful moments for busy moms*. CICO Books, Londres, 2018.

SANTORELLI, S.: *Sánate tú mismo*. Kairós, Barcelona, 1999.

SIMÓN, V.: *Aprender a practicar mindfulness*. Sello Editorial, Barcelona, 2011.

—: *La compasión: El corazón del mindfulness*. Sello Editorial Barcelona, 2015.

SNEL, E.: *Respirad*. Kairós, Barcelona, 2015.

SUBIRANA VILANOVA, M.: *Meditación contemplativa*. Kairós, Barcelona, 2020.

THICH NHAT HANH: *El arte de comunicar*. Kitsune Books, Barcelona, 2018.

—: *El arte de cuidar a tu niño interior*. Espasa libros, Barcelona, 2017.

—: *Felicidad.* Kairos, Barcelona, 2013.

—: *Sintiendo la paz.* Zenith, Barcelona, 2018.

VIETEN, C.: *Mindful motherhood.* Noetics books, Oakland, 2009.

ÍNDICE

Agradecimientos 11

Prólogo 13

Introducción 15

PRIMERA PARTE 19

MADRE PRESENTE, MADRE EN CALMA 21

Por qué las madres necesitamos mindfulness
y cómo puede ayudarte 21

Los cinco caminos. La rueda de medicina 22

Para, siéntate, siéntete 24

Requisitos para meditar 25

La meditación, el mindfulness 27

Cómo meditar 31

 Tipos de práctica 31

 Me siento y... ¿qué hago? 32

Beneficios del mindfulness 34

Cualidades que se cultivan con la práctica 36

SEGUNDA PARTE 39

LOS CINCO CAMINOS. ABRIENDO RUEDA
DE MEDICINA 41

El aire: el camino a mi espíritu 41

 La respiración amorosa en la maternidad 41

Preparación previa. 41

Práctica formal. Audio 42

Comentarios posteriores. Maternar respirando 46

Práctica informal. 51

Los pensamientos en la maternidad 51

Preparación previa. 51

Práctica formal. Audio 52

Comentarios posteriores. 54

Práctica informal. 58

La tierra: el camino a mi cuerpo 58

El escáner corporal amoroso en la maternidad. 59

Preparación previa. 59

Práctica formal. Audio 59

Comentarios posteriores. 67

Práctica informal. 71

El centro: el camino a mis hijos/as 72

La nuez y la maternidad 72

Preparación previa 72

Práctica formal. Audio 73

Comentarios posteriores. 77

Práctica informal. 79

La bondad amorosa en la maternidad. 80

Preparación previa. 80

Práctica formal. Audio 80

Comentarios posteriores 83

Práctica informal. 86

Amor incondicional para cuando tu hijo/a sufre 86

Preparación previa. 86

Momentos de dificultad con mis hijo/as 89

Práctica formal. Audio 89

Comentarios posteriores. 91

El agua: el camino a mi alma 92

La autocompasión para cuando sufres 93

Preparación previa a la práctica. 93

Práctica formal. Audio 94

Comentarios posteriores. 98

El océano en la maternidad 99

Práctica formal. Audio 100

Las emociones difíciles. Ablanda, calma, permite 101

Preparación previa. 101

Práctica formal. Audio 102

Comentarios posteriores. 105

Práctica informal. 107

El fuego, el sol: el camino a tu vida. 107

La montaña en la maternidad 108

Preparación previa. 108

Práctica formal. Audio 108

Comentarios posteriores. 111

Práctica informal. 112

El limón y la naranja en la maternidad y en la vida. 112

Preparación previa. 112

Práctica formal. Audio 113

LOS CINCO CAMINOS. CERRANDO LA RUEDA
DE MEDICINA 117

Epílogo 119

Bibliografía. 121